孟晓莉 主编

思源逐梦

郑州市郑东新区聚源路小学『源』教育的探索与实践

郑州大学出版社

图书在版编目(CIP)数据

思源逐梦:郑州市郑东新区聚源路小学"源"教育的探索与实践/孟晓莉主编. -- 郑州:郑州大学出版社,2025.3. -- ISBN 978-7-5773-0901-9

Ⅰ.G622.0

中国国家版本馆 CIP 数据核字第 20254R9E57 号

思源逐梦——郑州市郑东新区聚源路小学"源"教育的探索与实践
SIYUAN ZHUMENG——ZHENGZHOU SHI ZHENGDONG XINQU JUYUAN LU XIAOXUE "YUAN" JIAOYU DE TANSUO YU SHIJIAN

策划编辑	李勇军	封面设计	王 微
责任编辑	暴晓楠	版式设计	苏永生
责任校对	刘晓晓	责任监制	朱亚君

出版发行	郑州大学出版社	地　　址	河南省郑州市高新技术开发区
出 版 人	卢纪富		长椿路 11 号(450001)
经　　销	全国新华书店	网　　址	http://www.zzup.cn
印　　刷	河南文华印务有限公司	发行电话	0371-66966070
开　　本	710 mm×1 010 mm　1 / 16		
印　　张	15.5	字　　数	217 千字
版　　次	2025 年 3 月第 1 版	印　　次	2025 年 3 月第 1 次印刷
书　　号	ISBN 978-7-5773-0901-9	定　　价	38.00 元

本书如有印装质量问题,请与本社联系调换。

编委会

主　编：孟晓莉

副主编：窦　霞　马彦丽　周　婷

编　委：(按姓氏音序排列)

程晓斐　贾　斌　兰　婷　李莎莎　刘　萃

刘晓凯　乔金盈　邵笑艳　史亚娟　田　悦

王雯雯　魏亚青　吴　骞　阴福军　赵生芯

甄西亚　周玉芬　朱迎坤

序

参天之木,必有其根;

怀山之水,必有其源;

学校之基,必有其本。

我认为:一所学校,应是以爱为底色,以德为根本,充满生命关怀。正如雅斯贝尔斯所言,教育是灵魂的唤醒。万千学子会聚而来,携手书海泛舟,汲取知识的源泉。因此我们提出:以爱为源,办有质量、有内涵、有生命力的学校。饮其流者怀其源,"源"不仅是生命的起点,更是智慧与文明的象征。基于对郑州市郑东新区聚源路小学(简称"聚源路小学")历史文化传承的尊重与延续,并结合对未来发展方向的深刻思考与前瞻,"源"教育理念应运而生。我们力求探寻教育之本,培养造就新时代高水平教师队伍,引导学生追本溯源,在思维的初萌点激发灵感,培养学生的创新思维。

聚源路小学自2006年建校以来,始终坚持立德树人根本任务,深耕郑东新区教育沃土,在培养学生的全面发展方面进行了诸多探索。《思源逐梦——郑州市郑东新区聚源路小学"源"教育的探索与实践》一书是聚源路小学近二十年办学经验的凝结,旨在通过教师团队发展、多维课程设置、德育活动创新以及校园文化浸润等多个维度,为现代教育注入一股全新的活力,开辟一条切实可行的实践路径。

在"源"教育理念的引领下,我们致力于打造一个充满生命关怀、尊重个体差异、鼓励创新探索的教育环境。在聚源路小学,我们尊重每一个生命的独特性,每一位教师、每一个孩子在这里都能找到属于自己的舞台,绽放属于自己的光彩。它不仅仅是一种教育理念的革新,更是一种教育实践的突破。

希望《思源逐梦——郑州市郑东新区聚源路小学"源"教育的探索与实践》能够为您带来对教育新的理解和启发,使您从中找到对教育的思考和力量,共同推动教育的蓬勃发展。让我们携手同行,以爱为源,让每一个生命在教育的滋养下精彩绽放!

孟晓莉

目　录

第一章　"源"教育理念形成的依据和内涵 ······ 001
- 第一节　"源"教育理念形成的理论依据 ······ 001
- 第二节　"源"教育理念形成的现实依据 ······ 004
- 第三节　"源"教育理念的内涵要义 ······ 007

第二章　"源"课程:让每一个生命精彩绽放 ······ 012
- 第一节　筚路蓝缕,学校课程发展历程 ······ 012
- 第二节　栉风沐雨,"源"课程落地生根 ······ 017
- 第三节　行而不辍,固源国家课程 ······ 027
- 第四节　殚精竭虑,探源地方课程 ······ 088
- 第五节　孜孜不倦,思源校本课程 ······ 098
- 第六节　笃行不怠,构建"源"课程评价体系 ······ 120

第三章　溯源教师成长 ······ 139
- 第一节　秉德铸师魂 ······ 139
- 第二节　修远提素养 ······ 162
- 第三节　溯源促成长 ······ 174

第四章　学生成长："源"教育之七彩德育课程 ……………… 191
第一节　"启源"七彩德育课程设计思路 …………………… 191
第二节　"爱源"七彩德育课程总目标 ……………………… 193
第三节　"铸源"七彩德育课程评价体系 …………………… 197
第四节　"真源"七彩文明班级评价制度 …………………… 199

第五章　追本溯源,当"源"文化融入校园景观 ……………… 213
第一节　坚守"源"理念,怀初心育人 ……………………… 213
第二节　以"源"为根,一景一育人 ………………………… 219
第三节　传红色基因,党建铸师魂 …………………………… 221
第四节　"源"基地建设,实践育新人 ……………………… 223

第一章 "源"教育理念形成的依据和内涵

第一节 "源"教育理念形成的理论依据

对于学校来说,顶层设计是对自身当前发展现状以及未来发展规划的深层次思考。郑州市郑东新区聚源路小学(以下简称"聚源路小学")全校师生将这种思考,以"三风一训""办学愿景""育人目标"等方式和途径进行表述,呈现自身办学理念。顶层设计的内涵明确了学校发展是以具体的富有价值取向的引导为出发点,具有十分重要的意义。"源"教育理念正是在对学校历史文化继承和对未来发展研究的基础上,凝练概括出来的作为新时期、新阶段的学校顶层文化。

一、全面落实立德树人的教育根本任务

顶层设计,体现的是学校的办学内涵,是学校的软实力,同样也是指导学校全面实施素质教育,从根本上落实立德树人这一教育根本任务的重要途径之一。

习近平总书记在多次讲话中均提到,中国梦就是民族梦,也是每个中国

人的梦。教育梦的实现则是中国梦实现的重要路径之一,同样也是中国梦不可缺少的极其重要的组成部分。因为中国梦的实现,根本依靠的是人,尤其是具有高品质的创新型人才。教育承担着立德树人、传承创新的重要职责。学校的第一要务就是积极推进立德树人根本任务,并通过多种形式利用各个环节进行渗透和落实,全面加强文化内涵建设,促进教育梦的早日实现,为中国梦的进程贡献力量。

"源"教育理念是聚源路小学基于学校现实,为了塑造"德正才高"的时代学子、培养"心怀家国"的毕业生、落实立德树人这一根本任务努力打造出来的符合学校实际、凸显学校特色的教育理念。该教育理念渗透于学校办学理念、服务理念、育人理念、人才理念中,已成为学校的精神标识。学校在这一理念的引领之下,通过打造特色的文化氛围来以文化人、以文育人,从而使全校师生在环境的影响之下,不断汲取精神养分,促进综合能力的提升,培养师生良好的精神风貌。

二、全面贯彻以人为本的新时代教育观

以人为本,就是以人为中心,从教育这一层面的根本上来说,就是以被教育者的全面发展为中心。学校的顶层文化内涵就应该将重点和中心放在促进学生的全面发展上来,放在培养出党和国家建设需要的社会主义接班人上来。

聚源路小学自成立以来,便强调以学生为本,强调以学生的个性与发展为目标。在教育教学中,根据学生的性格特点、兴趣爱好、知识水平层次、学习接受能力来确定教学计划和学习目标。这是学校在对教育教学活动进行全面分析后,确定办学理念、宗旨目标、价值导向的衡量标准之一。

"源"教育理念强调"以爱为源,让每一个生命精彩绽放",这正是以人为本的核心体现。它从爱出发,主张针对学生不同的个性特点,给予特殊的关

怀与关爱、尊重差异、重视个性、因材施教,为关怀性师生关系的构建,奠定了良好的传统文化的根基,促进学校"人文精神"的建设和发展。

三、促进学生全面发展,建设高质量教育体系

人民教育家陶行知先生曾经作过一首儿歌:"人生两个宝:双手与大脑。用脑不用手,快要被打倒。用手不用脑,饭也吃不饱。手脑都会用,才算是开天辟地的大好老。"这首儿歌直截了当地说明了全面发展的重要性。马克思也指出,教育要兼顾劳动教育、智力教育、体育教育,全面发展的人应该是认知、意志、心理和精神多层次、多方面的协调发展。习近平总书记在全国高校思想政治工作会议上的讲话中指出:"不断提高学生思想水平、政治觉悟、道德品质、文化素养,让学生成为德才兼备、全面发展的人才。"习近平总书记重要讲话精神,对于基础教育同样具有重要的指导意义。

从学生全面发展的角度来说,从近代开始,我国义务教育阶段中小学生全面发展经历了"注重发展德育与智育""德智体三育并重""德智体美四育统合""德智体美劳五育并举""德智体美劳五育融合"的发展历程(见图1-1)。由此可见,随着社会经济水平的发展,不同时期的"全面发展"内涵并不一致,其核心指向是一个逐渐发展、逐步完善的过程。

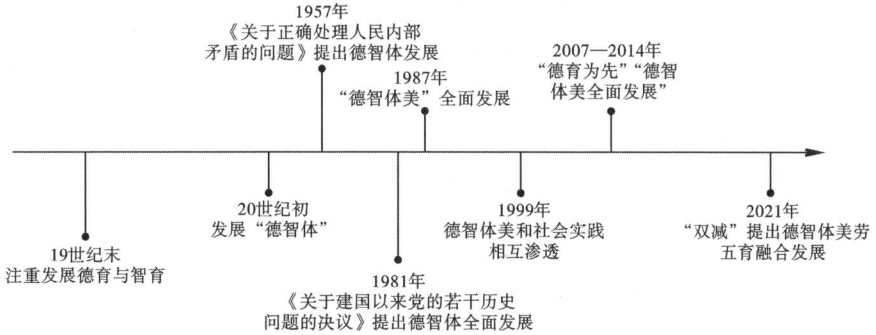

图1-1 义务教育阶段中小学生全面发展的历史进程

文化是学校的内涵，是学校的软实力，也是推进素质教育，培养出全面发展的高素质人才必备的氛围和途径之一。学校的职能不仅仅是"传道授业解惑"，更是在传授知识的同时，培养学生良好的行为习惯，赋予学生独特的文化气质，锻造学生的道德品质，不断增强学生的社会责任感、创新精神和实践能力。

"源"教育理念在确定育人目标和毕业生形象的过程中，其着眼点就在于为学生的全面发展、人格形成创设一个最适宜成长的人文环境，培养出有理想、有道德、有文化、有纪律，德、智、体、美、劳全面发展的中国特色社会主义事业的建设者和接班人。

第二节 "源"教育理念形成的现实依据

一、新形势下，学生价值观体系受到严重冲击

部分学生形成了以消费为主导的生活观。随着市场经济的持续深入发展，人们物质生活水平也逐渐提高，激发了一些人对享乐主义的追求，导致其价值标准不再清晰，审美情趣出现了扭曲，更有个别人放大了个人欲望，推行个人至上的价值观念。一些学生受此种价值观的影响，认为追星、追潮、炫富等生活方式可以更好地彰显个性，是表达、证明自身价值的理想方式。这种差异性的生活价值观也进一步从物质生活方面延伸到了学生的精神生活、心理领域，物质攀比成为一些学生体现自我价值的主要表现方式，他们将物质消费、物质攀比与自身价值实现相联系，价值理想呈现出世俗性、盲从性。

部分学生形成了以享乐为主导的价值观。自改革开放以来，我国的市

场经济日新月异,发展十分迅速,老百姓的收入和物质生活水平得到了极大的提高。在此背景下,享乐主义的错误价值观渐渐腐蚀了一些人,导致他们的社会认知出现了偏差,一味追求满足个人欲望,甚至推行精致的利己主义至上的观点。受一些不良的社会风气影响,部分未成年人也开始将追求潮流、炫富等视为目标,视为表达和证明自身价值的理想方式。

部分学生形成了以迷恋虚幻为主导的认知观。小学生处于心智快速发展的阶段,其价值观的判断和选择尚不成熟,自控能力较差。当前形势下,网络高速发展,手机完全普及,各种短视频、各路主播良莠不一。网络虚拟世界同时具有开放性和隐蔽性,网络世界的行为难以被监管和控制,小学生对网络上的各种信息和资源难以鉴别和判断,一些表面新奇实则腐朽没落的网络游戏或者信息资源,利用了中小学生的好奇心和探究欲,使一些中小学生深受吸引甚至无法自拔。相对于学习生活的枯燥和单一,纷繁的虚拟世界更容易让中小学生沉溺其中,从而干扰中小学生正常的学习和生活,使其表现出沉迷网络、厌学弃学等行为,甚至有可能迷失了理想信念。

部分学生形成了以淡漠轻率为主导的生命观。中小学生尚未有丰富的人生体验和生活阅历,其对待死亡、病痛、生存价值等问题还未形成成熟的观念,缺乏对生命价值的认知和敬畏,生活实践中也缺乏战胜困难和挫折的磨炼,以致一些中小学生的心理承受能力越来越弱。当他们的心理需求得不到满足或者面对强大压力时,不能正确调节自身的心理和情绪,就容易将这种负面的情绪和观点以消极、极端的方式表现出来。无论是漠视自身生命价值的自残、自杀行为,还是伤害他人的校园霸凌、暴力伤害行为,都是缺乏对生命意义的理解、缺乏正确分析问题和处理问题能力的表现。基于自身生理和心理的特点,中小学生面对和处理问题时容易钻牛角尖,自暴自弃,将问题归咎于他人,而不是从自身出发寻找问题的原因,这些现象都对加强青少年的价值观教育提出了现实需求。

因此,对学生进行价值观教育具有十分重要的现实意义。《中小学德育工作指南》规定:"严格落实德育课程。按照义务教育、普通高中课程方案和标准,上好道德与法治、思想政治课,落实课时,不得减少课时或挪作它用。"聚源路小学正是以此为准则,践行"德正才高"的育人目标理念,开发了七彩德育课程,将社会主义核心价值观教育内容渗透和贯穿于教育教学改革的全过程,真正实现"全科育人""全程育人"。

价值观教育应进行情感的"浇筑"。真挚的情感是价值观教育的助推剂,而脱离情感的教育则是流于形式、苍白而空洞的。"源"教育提倡教师"严谨治学,以爱育爱",就是要求教师要对自己教授的学科、教学内容、教学对象发自内心地热爱,以情动人,用自身坚定的信仰、敬业的态度、炽热的情怀感染学生、打动学生,让学生心有暖意,感受到来自教师的关爱,引发价值观教育情感的共鸣,引导学生树立正确的价值观。

二、促进集团化办学的新举措

学校文化建设是促进学校认同、增强学校凝聚力、提高学校办学活力的根本途径,成功的集团文化认同建构不仅能够影响全体师生的思想和行为,而且对整个教育集团的成员校具有很强的凝聚力和感召力。

聚源路小学教育集团发展至今,共有5个校区,11 000余名师生,集团在扩大规模的同时,核心校区的理念、师资、资源和管理模式得以输出,推动了优质教育资源的公平均衡发展。但在集团化办学过程中也出现了一些新的问题和挑战:集团化办学如何做到大而不散、形神合一?核心校区在输送优质资源的同时,如何同时保持自身和成员学校向上生长的能力?在教师流动、文化输出的过程中,如何保持集团内文化的统一性?为了应对这些新挑战,集团顶层文化应运而生。

第三节 "源"教育理念的内涵要义

在"立德树人"根本任务的指引下,在培养"全面发展的人"的驱动下,学校从校名入手,深入挖掘"源"的内涵:"源"即"聚源"的"源",是聚源路小学作为一所优质学校办学经验的凝结和延续;"源"是"本源"的"源",是对教育本源孜孜不倦的探索和追求。"源"教育的内涵,就是传承历史,找寻教育源头,思考教育本质。

一、"源"教育的理论溯源

(一)源于中华优秀传统文化精髓

中华优秀传统文化蕴含着意蕴深厚的育人哲学思想,是建设教育强国的思想文化滋养和理论基石。

"源",从水,原声,其本义为水源、源泉。朱熹在《观书有感》中写道:"问渠那得清如许,为有源头活水来。"这句诗当中蕴含的要不断读书、不断补充新的知识这一哲理渐渐迁移到人应该不断学习、不断成长这一广义层面上来。"源"教育理念正是教导师生寻求教育的活水,抓住教育的本质,帮助学生不断成长。

孔子将教育普及平民,提出了"有教无类"的新的教育原则。孔子"有教无类"思想的理论基础是其"性相近也,习相远也"的人性论。"性相近"说明了人皆有成才成德的可能性,而"习相远"又说明了实施教育的重要性。

在"有教无类"的理论基础上,孔子进一步创造了因材施教的方法,并将其作为一个教育原则,贯穿于日常的教育活动中,他是我国历史上第一个运用因材施教的学者。所谓"因材施教",就是根据不同教育对象的特点和实际情况针对性地进行教育。在孔子看来,每个人的智力、性格都存在着差异,教育应以学生的不同的才能和特长作为依据。

"源"教育强调"让每一个生命精彩绽放",正是秉承"有教无类""因材施教"的教育理论,强调的是个性化教育,目的是尊重个体差异性。从个体特征出发进行引导,既能发挥个体特长,又能实现全面发展,在保证学生掌握基本学习内容的前提下促进学生的个性发展,使不同性格、不同智力水平的人,从不同的起点上,循序渐进,塑造成才,逐渐成长为德才兼备又有特长的社会所需要的人才。

(二)源于社会主义核心价值观内涵

《中小学德育工作指南》指出,要把社会主义核心价值观落实到中小学教育教学和管理服务各环节,帮助学生"系好人生的第一粒扣子",这成为学校教育面临的新形势、新任务。

作为学校教育,要引导学生打牢正确的世界观、人生观、价值观根基,努力培养中国特色社会主义事业的合格建设者和可靠接班人。而要实现这一目标,就要把社会主义核心价值观融入办学治校的全过程,融入学校文化建设、融入课堂教学;就要汇聚起社会主义核心价值观的磅礴正能量,使广大青少年努力成长为担当民族复兴大任的时代新人。

聚源路小学立足教育现实,传承历史文化,着眼社会未来,内化社会主义核心价值观要义,确立了"源"教育办学理念,提出了"秉德修远,成己达人"的校训。"源"教育之"源",是本源之"源",指回归教育的本源,皈依教育的本质,将推动人的全面发展作为教育的过程。"源"教育之"源",既是不忘过去的"思源",更是开辟未来的"开源"。它把遵奉客观实际、依循客观规律、探究真理融为一起,把诚实守信、讲究实际、勇于作为当作学生的立身基础,是对处于现代社会里的世界观和人生观正在形成的学生心灵的呵护和人格塑造的教育。"惜少年时,日新又新"就是培养学生珍惜美好时光,培养浩然正气,引导学生不断追求真理、真知。

(三)源于习近平新时代中国特色社会主义教育思想精神

党的十八大以来,我国教育事业进入了新时代,在坚持社会主义办学方向、推进教育公平、落实立德树人根本任务、办人民满意的教育等方面均取得了一定的成绩。习近平总书记关于教育工作的重要论述以及有关教育工作的指示批示,体现了习近平新时代中国特色社会主义教育思想内涵。

习近平总书记在中共中央政治局第九次集体学习时发表讲话指出:"要深化教育改革,推进素质教育,创新教育方法,提高人才培养质量,努力形成有利于创新人才成长的育人环境。""源"教育理念主张办有质量、有内涵、有生命力的学校,正是践行习近平总书记重要讲话精神,坚持以习近平新时代中国特色社会主义思想为指导,对传统教育方法进行创新,以质量立校,以内涵提升,全面深化教育改革推进素质教育的结果。

《求是》杂志2024年第17期发表习近平总书记的重要文章《培养德智体美劳全面发展的社会主义建设者和接班人》,文章指出:"要努力构建德智体美劳全面培养的教育体系,形成更高水平的人才培养体系。""源"教育理念注重学生的全面成长和多目标培养,主张"五育并举""五育融合",在实践中根据学生不同发展阶段的特征进行科学引导,培养高水平人才,是一种"德智体美劳全面发展"人才培养体系。

二、"源"教育的三个指向

教育从诞生开始,就肩负着培养人和发展人的功能。有人就会有教育。教育是培养人的行为,它的核心是人,它的主体也是人。因此,教育本质要解决的是"人"的问题。学校教育把学生的发展作为目的,追求的是学生的全面发展。

聚源路小学根据教育的本质属性,开发出"源"教育,研究教育发展的本源和功用。

(一)溯"源"以探求教育之本

"源"教育立足教育实际,开发"源"课程,创造出"本源""思源""探源"课程体系,意在溯"源",寻找教育的本原,回到课堂的原点。

当前,各种各样新奇的教学模式和课堂名词层出不穷,以"课程改革"的名义被热捧的经典案例接二连三,令学校和老师感到无所适从。在此背景下,聚源路小学倡导"本源"教育。于教学本身而言,基于生活实际与社会实际的思维发展及其引领下的学生身心健康成长就是课堂的本原。它是决定课堂实际效果和教育质量的内在因素,是决定学生成长进步的基石之一。

学生的知识积累、能力培养、思想认知在很大程度上都来源于课堂,而课堂上老师教学内容的广度和深度则在很大程度上决定了知识积累、能力培养、思想认知形成的好与坏。在"源"教育课程体系中,尤其关注教师提出的问题是否能够有效启发学生思考,是否能够引导学生自主解决实际问题,是否存在影响学生创新发散思维的行为。

(二)思"源"以探求教育之道

教育是一门科学,也是一门艺术。教育必须遵循教育之道,即符合教育的客观规律和学生身心发展的特点,科学施教。健康、性格、品德、文化知识素养构成学生的认知结构,教育要始终把身心健康放在首位,重视良好性格的塑造,不轻视道德品质教育,根据教育规律因材施教,提升学生的文化知识技能。

作为教育人,必须清楚教育之道。教育者的使命是什么?教育的目的是什么?受教育者应该是什么样子?要怎么实现教育目的?这些都是需要思考的。

当下的考试制度使得很多学校和教师过度关注学生的考试成绩,家长和学生也将学习的目标定为考上一所好大学。因此,无论是教育者还是受教育者,对教育的理解都出现了偏差。

"源"教育的出现正是为了纠正这一偏差。"源"教育主张"生命的精彩绽放",意指考试不是教育的全部,教育的一切活动都要围绕人的自身发展、成长而开展,失去了"绽放"的"精彩",本质上就失去了教育的意义。

伟大的人民教育家陶行知先生主张"生活即教育""社会即学校""教学做合一"的思想,其实质是使教育与生活和社会实践紧密联系。"源"教育主张把教育融入校园生活,师生的学习、工作、生活是相互贯通的,师生应在教育与被教育的过程中感悟生活的快乐、生命的成长、个体的发展。

(三)开"源"以探求教育之功

教育的育人功能,意味着教育具有其相应的责任。教育的责任就是把被教育者的学科知识教授好,品格培养好,身体锻炼好,习惯养成好,使其综合素养全面提高。

联合国教科文组织在重新认识教育的问题上曾明确指出:"教育的基本作用,在于保证人人享有他们为充分发挥自己的才能和尽可能牢牢掌握自己命运而需要的思想、判断、感情和想象方面的自由。"

"源"教育理念办学愿景中的"生命精彩绽放",就和联合国教科文组织关于教育的基本作用相契合。"源"教育理念在形成过程中力求探寻教育之功用,期盼学生在接受教育的过程中能掌握正确的学习方式,形成高尚的人格品质,各尽其能,实现人生价值。

第二章 "源"课程:让每一个生命精彩绽放

第一节 筚路蓝缕,学校课程发展历程

一、对品质课程的理解与追求

课程建设承载着教育的理想,是学校品质发展的核心动力。构建多元、开放、有活力、有特色的课程体系,为学生提供更加自主的定制化课程以及更具个性、更多选择的成长环境、教育资源和高质量的服务,让学生的潜能得到全面充分而又自由的发展,是学校义不容辞的责任和使命。我们认为,构建学校品质课程应始终基于学生核心素养,以立德树人为灵魂,回归教育本源,回归儿童生活,把儿童放在课程的中央,关注儿童的学习需求与兴奋点,促进学生身心健康发展;学校弥漫着浓郁的课程氛围,应该饱含着链接,使整个世界都成为课程的可能空间,让孩子在课程的浸润中自由生长;有品质的课程应该具有多样的学习方式,重视孩子们直接经验的获得,通过一系列的实践活动,扩充和丰富孩子们的经验;应该将各课程有机地结合成一个联系紧密的、有逻辑的"育人整体"。

二、回顾学校课程发展

聚源路小学在建校16年的时间里,始终致力于学校课程建设的发展。

建校之初,学校只有单一的国学经典诵读、乐器进课堂两种校本课程。随后,我们开始尝试探索开发校本课程。最开始校本课程种类少,内容不够系统(见图2-1)。

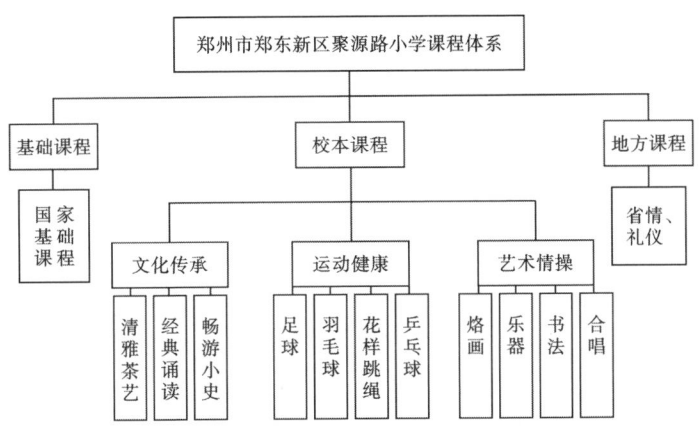

图2-1 郑州市郑东新区聚源路小学课程体系

2016年,我们开设40多门校本课程,学校教师人人都是课程的开发者、参与者,制定校内菜单式课程表,根据学生需求,量身定制,让学生自主选择,进行班级之间的课程联动。每周三下午的两节课,学生根据自己选修的课程到相应的班级、功能室、场地,走班、走年级上课(见表2-1)。

表2-1 郑州市郑东新区聚源路小学(2016—2017学年)社团建设情况统计

序号	社团名称	辅导教师	成立时间	成员数量/人	活动时间	备注
1	巧艺社	邵笑艳、席季娈	2015年6月	30	每周三下午	

续表 2-1

序号	社团名称	辅导教师	成立时间	成员数量/人	活动时间	备注
2	聚源之家信息社	杨东霞、李庆慧	2015年6月	35	每周三下午	
3	"轻舞飞扬"舞蹈社团	陈金子、刘婷	2015年6月	420	每周三下午	分三个班
4	"小球大道"乒乓球社团	薛静	2015年6月	20	每周三下午	
5	"漫盟"创意卡通动漫社团	申崇、朱迎坤	2015年6月	35	每周三下午	
6	筝奇斗艳	杨莹莹	2015年6月	20	每周三下午	
7	希望之星羽毛球社	杨光	2015年6月	45	每周三下午	
8	晨镝射艺队	王琪、海彩丽	2016年9月	50	每周三、五下午	
9	花样击剑社团	张雪梅	2016年9月	40	每周一、三下午	
10	"灌篮高手"篮球社团	王月、刘晓凯	2016年9月	30	每周三下午	
11	"绳彩飞扬"跳绳社团	袁琳	2016年9月	45	每周三下午	
12	管乐社团	周婷	2016年9月	90	每周二下午	
13	芯叶文学社	叶海燕、于璐	2015年6月	52	每周三下午	
14	群英口语荟	吴蕙茹	2015年6月	50	每周三下午	
15	清雅茶艺社	王静、张艳、胡荣焕	2015年6月	55	每周三下午	
16	四叶草织绣社	伽晓凯	2015年6月	46	每周三下午	

续表2-1

序号	社团名称	辅导教师	成立时间	成员数量/人	活动时间	备注
17	"古风今韵"诵读社	程晓斐、宁喜平	2015年6月	44	每周三下午	
18	翰墨书社	贾斌、王艳菊	2015年6月	42	每周三下午	
19	哈姆雷特读书社	甄西亚、王伊娜	2015年6月	40	每周三下午	
20	常青藤读书会	武刘中、吴航	2015年6月	54	每周三下午	
21	心理游戏社	张春花	2015年6月	65	每周三下午	
22	"妙语连珠"演讲团	刘会娟、崔艳红	2015年6月	60	每周三下午	
23	百变魔尺秀	史亚娟、郭小利	2015年6月	55	每周三下午	
24	心灵手巧社	申小莉、任雪莹	2015年6月	65	每周三下午	
25	春苗跳棋社	王苗苗、刘春丽	2015年6月	72	每周三下午	
26	奇思妙想博艺社	秦首燕、陈红	2015年6月	75	每周三下午	
27	七彩梦英语童谣社	姜瑜、秦海燕	2015年6月	66	每周三下午	

但是,这种形式没有长时间持续发展,原因如下:第一,从师资方面来讲,实施国家课程能力有余,开发满足学生多样化需求的校本课程能力不足,高品质的课程开发无法长时间持续进行;第二,从学校设施来讲,因为生源过多,多数功能室改为教室,导致开设校本课程的空间严重不足。

后来,为完善学校校本课程设置,针对已有的课程以及期望的课程,我们对学生、家长、教师进行了大规模的访谈,在对学生及家长课程期待的调查中发现,聚源路小学家长素质比较高,期待设置的课程具有更高的品质。

随着《中国学生发展核心素养》的发布、创客教育的飞速发展以及学生发展的多样化迫切需求,结合聚源路小学各方面的实际,我们基于学生发展的核心素养重新规划完善学校的"修远"课程体系(见图2-2)。

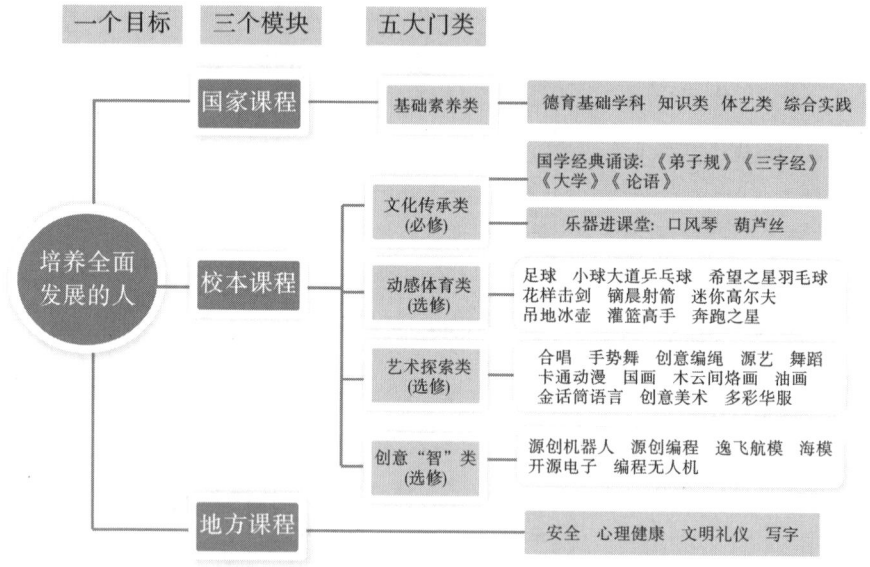

图 2-2　郑州市郑东新区聚源路小学"一三五"修远课程体系

2022年7月,郑州市郑东新区聚源路小学教育集团成立。集团化办学为学校发展带来了新的机遇。在充分了解各个校区原有文化的基础上,结合集团内各校区现状及长远的发展,充分征求专家、全体教师及学生、家长的代表意见,重新梳理规划学校顶层设计,确立"源"教育为学校的教育理念和教育哲学,在办学愿景、育人目标、课程建设等方面,培育"源文化",打造"源特色"。

在"源"教育理念下,我们再一次审视学校的课程建设,对原有的课程规划进行升级迭代完善,以国家课程打底色,立足学生成长的过程,发展构筑多元课程体系,开发具有学校鲜明特色的"源"课程(见图2-3)。

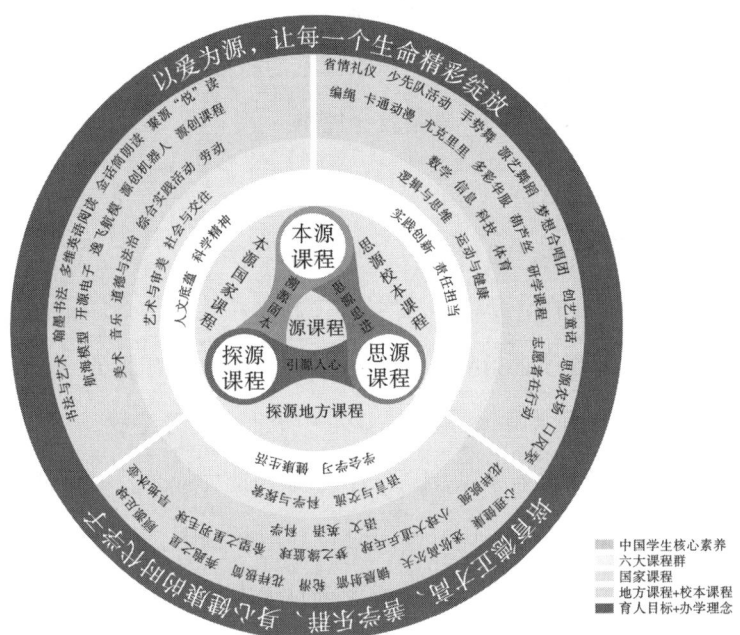

图2-3 郑州市郑东新区聚源路小学"源"课程图谱

第二节 栉风沐雨,"源"课程落地生根

基于学校的课程哲学与课程设计,"源"课程落地生根。

一、课程哲学

(一)办学理念

学校的办学理念是:"源"教育。

"问渠那得清如许,为有源头活水来。""源"是聚源的源,内涵丰富,博大精深,既出自聚源校名,有着专属于聚源路小学的优秀文化特质,代表着聚源路小学十几年办学经验的凝结和延续。"源"也是本源的源,是我们对教育本源孜孜以求永不止步的追寻和探索。它的核心主张是:回归教育原点,思考教育本质,探寻教育源头,遵循教育规律。

(二)课程理念

基于上述办学理念,我们确立了"源"课程理念。

课程是学生丰富的学习经历,更是师生相伴相生的生命印记。课程,体现了学校在"源"教育理念指导下为学生提供全面的教育服务,满足学生个性化发展的需求,提升学科核心素养,让每一个生命精彩绽放。

"本源课程"强调固本溯源,注重知识积累与能力提升,"探源课程"引源入心,关注地域文化的厚植与渗透,同时打开国际视野,促进学生拓宽视野与格局,帮助他们增强民族自信心,培育新时代中华文化传承者和发扬者。"思源课程"强调思源思进,主张学生在课程学习中创新思维,锐意进取,勇于实践,日新又新。

(三)课程愿景

教育兴则国兴,教育强则国强。我们将"让每一个生命精彩绽放"作为课程愿景,强调的是"有教无类、以人为本"的教育思想,是学校文化的集中体现。从教育文化学的角度看,以人为本是学校文化建设的最基本价值取向,体现了顺应现代化学校发展的民主性、人文性、开放化、个性化的基本趋势。学生是学习活动的主体,我们要看到校园里的每一个学生,坚守学生立场,结合中国学生发展六大核心素养"人文底蕴、科学精神、学会学习、健康生活、责任担当、实践创新",基于成长需要为学生提供适切的课程,帮助学生发现自己的优点、长处并加以培养,使其内心更加丰盈自信,在擅长的领域绽放精彩,成长为更加优秀的自己,培养"德正才高、善学乐群、身心健康"

的时代学子。

(四)毕业生形象

1. 心怀家国

"家国情怀"是中华优秀传统文化的基本内涵之一。所谓的"家国情怀",是主体对共同体的一种认同,并促使其发展的思想和理念。它既与行孝尽忠、民族精神、爱国主义、乡土观念、天下为公等传统文化有重要联系,又是对这些传统文化的超越。"家国情怀"在增强民族凝聚力、建设幸福家庭、提高公民意识等方面都有重要的时代价值。

以正心诚意、修身齐家为基础,以治国平天下为旨归,把远大理想与个人抱负、家国情怀与人生追求融为一体。从小培养学生的家国情怀,使其扣好人生第一粒扣子,打牢"思想之基""价值观之基"。

2. 全面发展

《中国学生发展核心素养》以培养全面发展的人为核心,这是聚源路小学课程设计的依据和出发点,引领和促进教师的专业发展,帮助学生明确未来的发展方向,是检验和评价教育质量的重要依据。随着2022版新课标的颁布,各学科核心素养明确了学生完成不同学段、不同年级、不同学科学习内容后应该达到的程度要求。

结合《中国学生发展核心素养》,结合聚源路小学办学理念、教育哲学,立足学生创新素养和实践能力培养,我们希望经历6年聚源路小学学习的学生,能成长为心怀祖国、全面发展、综合素养得到整体提升的时代学子。

(五)课程规划愿景SWOT分析

聚源路小学作为郑州市郑东新区第一所新建学校,社会声誉度高,集团化办学的实施,实现了各校区优质资源共享,为学校跨越式发展带来新的机遇。设施条件较好,但比起郑东新区新建学校,差距明显,生源过多,管理难度大。聚源路小学师资力量雄厚,学校共有省、市、区级名师,骨干教师,学术技术带头人共计45人,校内各学科有影响力教师30多人,占学校教师人数的三分之一。整体上来说,学校已经拥有一支学历高、能力强、素质过硬的教师队伍,但30岁以下年轻教师仅占学校教师人数的20%,师资后备力量不足,且外聘老师流动性较大,不利于整体教师队伍的稳定。另外,聚源路小学学生整体素质高、兴趣广泛,家长对孩子的关注度、对教师和学校的标准要求高,但不排除生源过多以至于部分课程不能惠及每一个孩子。学校周边的地域资源丰富,能为实践性课程的实施提供专业知识和专业场所。聚源路小学课程规划愿景的SWOT分析如表2-2所示。

表2-2 郑州市郑东新区聚源路小学课程规划愿景SWOT分析

影响因素	课程规划愿景			
	优势(S)	劣势(W)	机会(O)	威胁(T)
学校硬件	郑东新区兴建的第一所公办学校,办学时间长,质量优异,社会声誉度高。设施设备条件好,教育信息化水平高	学校片区大、生源太多、体量巨大,管理难度大。聚源校区空间严重不足,活动场地和功能室数量紧缺,特色发展受到影响	集团化办学的实施,实现了各校区优质资源共享,给学校跨越式发展带来新的机遇。新的领导班子和客文新校区的投入使用为学校注入新的活力,教职员工对学校发展充满信心,学校发展空间更加广阔	区域内兄弟学校尤其是集团校发展迅猛,学校面临的挑战比较艰巨。多校区办学管理难度较大,校区间优质均衡、协同发展需要加强

续表2-2

影响因素	课程规划愿景			
	优势(S)	劣势(W)	机会(O)	威胁(T)
教师资源	教师年龄结构相对合理,拥有一定数量师德高尚、教学艺术精湛的教师,中层干部队伍成熟。新进年轻教师中高学历者居多,潜力巨大	师资后备力量不足,教师队伍发展不均衡,骨干力量有断层	教师专业培训机会多,年轻教师逐渐成为骨干教师	适龄生育女教师多,外聘教师人数多,教师缺口量大,师资力量不稳定
学生状况	学生多数在城市接受学前教育,学习力较强,兴趣广泛,发展全面	学生人数多,家庭背景差异大,部分单亲或离异家庭对孩子的影响较大	学生的参与热情高	生源爆满,部分课程无法满足学生需求。学生体量大,给校园安全和学生素养全面优质带来挑战
家长情况	家长素质较高,重视家庭教育,支持学校工作并能提供支持,是学校教育的有力配合者	家长对学校期待和要求较高,易出现家校矛盾。部分家长对教师工作理解不够,合作不足	家长的认可度高,好学校、好老师、好学生的标准深入人心	家长对学校和老师的要求标准越来越高
地方资源	辖区内办事处、居委会、文化场馆等单位对学校工作大力支持	社区资源难以系统整合,与学校难以长期持续互动	学校领导高度重视,社区共建正走向深入	区域资源与学校实际需求还有差距

(六)课程目标

1.课程建设的总目标

以"源"课程为载体,在课程实施中,做到以师生为主体,以培养全面发展的人为核心,以培养创新精神与实践能力为目标,积极发展学生个性,全面落实素质教育,促进师生共同成长。

2. 学生培养目标

聚源路小学的育人目标是:培养德正才高、善学乐群、身心健康的时代学子。

德正才高:"立德树人"是教育的根本任务,"秉德修远"是我们忠实践行的校训精神。我们要把德育放在首位,扎根中华传统文化沃土,固本清源,爱党爱国,培养学生从小树立正确的人生观和价值观,扣好人生第一粒扣子。

善学乐群:帮助学生掌握科学的学习方法,关注知识和技能的同步发展,培养学生积极主动的学习习惯和不怕困难、锲而不舍的坚忍品格;培养学生在生活中自理自立、乐于和他人交往、善于创新创造等品质,使其具有基本的劳动能力、沟通合作能力和团队精神。

身心健康:培养学生强健的体魄、健全的人格和良好的心理品质,掌握基本的运动技能,牢固树立安全意识,珍惜生命,热爱生活,阳光自信,向善尚美,具有健康的兴趣爱好和审美情趣,确保身心健康发展,为终身幸福打下坚实的基础。

提高学生的思想品德修养和审美能力,陶冶情操、增进身心健康;拓展学生的知识领域,培养学生的兴趣、爱好,发展个性特长,培养创新精神和实践能力;树立健康第一、终生健身的意识,培养团队精神和合作能力,增强学生的身体素质。

通过课程目标落实,使聚源路小学的学生能成为"德正才高、善学乐群、身心健康"的时代学子。

3. 教师发展目标

以课程建设促进教师团队建设,在课程目标的实施过程中,通过文化引领等方法和手段,引导教师确立"以爱为源,让每一个生命精彩绽放"的教育理念,提升教师的区域影响力。未来5年,争取培养一批在区域内有一定知名度的骨干教师。

二、课程设计

聚源路小学在课程实施的过程中开足开齐国家、地方、校本三类课程。

国家课程是一个国家基础教育课程方案的主体部分,对于基础教育的发展,特别是人才培养的质量和规格具有决定性作用。聚源路小学依据小学阶段国家课程开设的要求,严格执行国家课程的设置。同时设置综合实践活动并作为必修课程,其内容主要包括信息技术教育、研究性学习、社区服务与社会实践以及劳动教育,强调学生通过实践,增强探究和创新意识,学习科学研究的方法,发展综合运用知识的能力。

地方课程促进国家课程的有效实施。为了弥补国家课程的空缺,加强教育与地方的联系,聚源路小学开设安全、心理健康、文明礼仪教育课程。

聚源路小学的国家课程和地方课程安排如表2-3所示。

表2-3 郑州市郑东新区聚源路小学国家课程和地方课程安排

课程门类		周课时						备注
性质	科目	一年级	二年级	三年级	四年级	五年级	六年级	
国家课程	道德与法治	2	2	2	2	2	2	
	语文	7	7	6	6	6	6	
	数学	5	5	5	5	5	5	
	英语	2	2	3	3	3	3	
	体育与健康	4	4	3	3	3	3	
	艺术(音乐)	2	2	2	2	2	2	
	艺术(美术)	2	2	1	1	1	1	
	科学	1	1	2	2	2	2	
	综合实践活动	1	1					
	信息科技			1	1	1	1	
	劳动	1	1	1	1	1	1	

续表2-3

课程门类		周课时						备注
性质	科目	一年级	二年级	三年级	四年级	五年级	六年级	
地方课程	少先队活动	1	1	1	1	1	1	
	安全、心理健康、文明礼仪	1	1	1	1	1	1	间周一次
	书法	1	1	1	1	1	1	
周总课时		30	30	30	30	30	30	

　　校本课程确保国家课程的有效实施,照顾学生的个别差异,满足学生多样化的需要,促进教师专业能力的持续发展。聚源路小学在全面贯彻落实国家和地方规定课程的同时,充分了解各方面的需求及运用的课程资源,积极探索和开发学校的校本课程。

　　聚源路小学采取"5+2"课后服务模式,每周开展5天课后服务,每次至少2小时,以课后延时服务为依托,组建了丰富的思源校本课程群,实施五育并举,将学科素养和道德品质培养渗透在学校教育的各个领域。一是兼顾增强体质的同时提升学生的审美意识形态,艺术、体育并驾齐驱;二是通过编程、航模、乐高机器人等科技课程,培养学生的创新实践能力;三是密切联系学生生活和社会实际,积极开展生活、环境等综合应用学习活动。聚源路小学的校本课程安排如表2-4所示。

表2-4　郑州市郑东新区聚源路小学校本课程安排

序号	社团名称	上课对象	辅导教师	上课时间	上课地点
1	羽毛球A	二、三年级	杨柳	周一至周五 16:00—17:30	羽毛球馆

续表2-4

序号	社团名称	上课对象	辅导教师	上课时间	上课地点
2	篮球校队	三、四年级	师玉杰	周一至周五 16:00—17:30	篮球馆
3	女子校队	三、四年级	葛婧	周一至周五 16:00—17:30	篮球馆
4	篮球社团A班	三、四年级	高鑫坤	周一、三、五 16:00—17:30	室外篮球馆
5	篮球社团B班	一、二年级	邢磊磊	周二、四、六 16:00—17:30	篮球馆
6	篮球社团C班	三、四年级	邢磊磊	周二、四、六 16:00—17:30	室外篮球馆
7	篮球社团D班	一、二年级	高鑫坤	周一、三、五 16:00—17:30	篮球馆
8	乒乓球校队	二、三年级	石志城	周一至周五 16:00—17:30	乒乓球馆
9	足球校队	二、三、四年级	贾音	周一至周五 16:00—17:30	足球场
10	足球社团A班	二、三年级	刘太阳	周一、三、五 16:00—17:30	足球场
11	足球社团B班	一、二年级	刘佳轩	周一、三、五 16:00—17:30	足球场
12	足球社团C班	一年级	魏新林	周二、四、六 16:00—17:30	足球场
13	逸飞航模社团	一、二年级	徐培森	周一 16:00—17:30	创客教室
14	逸飞航模社团	一、二年级	姜涛	周二 16:00—17:30	创客教室
15	航海模型社团	一、二年级	王相阁	周三 16:00—17:30	创客教室
16	逸飞航模社团	三年级	宋尚蔚	周四 16:00—17:30	创客教室
17	逸飞航模社团	四年级	徐培森	周四 16:00—17:30	创客教室
18	逸飞航模社团	一、二年级	徐培森	周五 16:00—17:30	创客教室
19	航海模型社团	三、四年级	王相阁	周四 16:00—17:30	击剑馆

续表2-4

序号	社团名称	上课对象	辅导教师	上课时间	上课地点
20	编程无人机社团	一至五年级	刘洋	周三16:00—17:30	老楼四楼美术教室
21	舞蹈(芭蕾A)	一年级	刘豪爽	周二、四16:00—17:30	圆厅二楼舞蹈教室
22	舞蹈(爵士A)	一年级	吴冰雪	周三16:00—17:30	圆厅二楼舞蹈教室
23	舞蹈(街舞)	一年级	谢菲	周一16:00—17:30	圆厅二楼舞蹈教室
24	舞蹈(芭蕾B)	二、三年级	刘豪爽	周二、四17:30—19:10	圆厅二楼舞蹈教室
25	舞蹈(芭蕾C)	二、三年级	刘豪爽	周五16:00—19:00	圆厅二楼舞蹈教室
26	舞蹈(爵士B)	二、三年级	吴冰雪	周三17:30—19:10	圆厅二楼舞蹈教室
27	多彩华服A班	三、四年级	许嵘嵘、王梦香	周四16:10—17:30	圆厅二楼美术教室
28	多彩华服B班	一、二年级	许嵘嵘、王梦香	周三16:10—17:30	圆厅二楼美术教室
29	击剑	一、二年级	樊家豪	周二16:00—17:30	击剑馆
30	老硬笔书法社团	二、三年级	廉老师 何老师 软老师 赵老师	周一16:00—17:30	圆厅二楼美术教室
31	新硬笔书法社团	一年级	廉老师	周二16:00—17:30	圆厅二楼美术教室
32	绘画社团	二、三年级	廉老师	周四16:00—17:30	老楼四楼美术教室
33	高尔夫	一、二年级	段灵男	周一至周五延时课	高尔夫训练场
34	高尔夫	一年级	段灵男	周一至周五延时课	高尔夫训练场
35	高尔夫	二年级	段灵男	周一至周五延时课	高尔夫训练场
36	金话筒	三、四年级	陈金子	周二16:00—17:30	音乐教室
37	国画社团	三、四年级	余淑娴	周二16:00—17:30	老楼四楼美术教室
38	水彩画社团	一年级	史佳佳	周二16:00—17:30	老楼四楼美术教室
39	武术社团	二、三、四年级	常世斌	周四16:00—17:30	前操场
40	合唱A	一、二年级	李金龙	周三16:00—17:30	音乐教室
41	合唱B	三、四年级	任向东	周一16:00—17:30	音乐教室
42	尤克里里	二、三、四年级	吴海龙	周五16:00—17:30	圆厅二楼美术教室

续表 2-4

序号	社团名称	上课对象	辅导教师	上课时间	上课地点
43	手势舞 A	二年级	王婧媛	周四 16:00—17:30	音乐教室
44	手势舞 B	三、四年级	张浩璐	周五 16:00—17:30	音乐教室
45	田径	三、四年级	袁琳	周三 16:00—17:30	后操场
46	篮球社团	五年级	陈午阳	周四 16:00—17:30	客文校区篮球场
47	花样跳绳	五年级	韩韶青	周四 16:00—17:30	客文校区操场
48	书法社团	五年级	李娟	周四 16:00—17:30	客文校区书法教室
49	陶艺社团	五年级	申崇	周四 16:00—17:30	客文校区陶艺教室
50	科学社团	五年级	赵燕	周三 16:00—17:30	客文校区科学活动室
51	轮滑社团	五年级	刘玉玺	周四 16:00—17:30	客文校区操场
52	羽毛球社团	五年级	陈金峰	周四 16:00—17:30	客文校区羽毛球场地
53	乒乓球社团	五年级	杨云辉	周四 16:00—17:30	客文校区乒乓球场地
54	合唱社团	五年级	张敬垒	周四 16:00—17:30	客文校区音乐教室

第三节 行而不辍,固源国家课程

一、深化国家课程理念,理解内化"源"课堂的内涵

"源"教育中的"源"是聚源的"源",也是本源的"源",是我们对教育本源孜孜以求、永不止步的追寻和探索,它的核心主张是:回归教育原点,思考教育本质,探寻教育源头,遵循教育规律。

"源",内涵丰富,博大精深,既出自校名,有着专属于聚源路小学的优质文化特质,同时可供挖掘延伸的教育元素和内涵也有很多。在教育教学中,我们要回归教育本源,不忘初心,坚持儿童立场,遵循教育规律,为每个学生提供最适合的教育。

(一)"源"课堂形态解读

在"源"教育理念的指导下,"源"课堂在学校稳步推进。"源"课堂模式遵循了以生为本的宗旨,学生在教师的引导下能自主、开放地学习,温故知新,畅谈收获,启迪思维,获得了可持续发展。教师在教学的框架下,能够熟练掌握教学的方法和技能,做到心中有本,眼中有生,手上有法,实现了当堂有效训练,以及学习目标的顺利达成。

聚源路小学"源"课堂教学实施流程如图2-4所示。

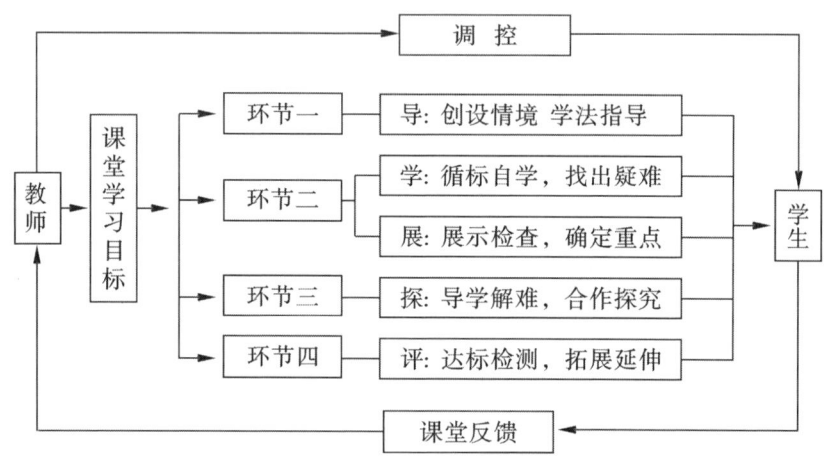

图2-4 "源"课堂教学实施流程

(二)"源"课堂形态特征

1.精心预设,抓"立足点"

预设与生成是共存的。"源"课堂呼唤生成的课堂,但不能简单地、机械地解读"生成",而将"预设"完全摒弃,毕竟课堂教学是目的明确、有具体内容的活动,事先必须有精细、周全、巧妙的预设。精彩的生成离不开精心的预设。凡事预则立,不预则废,著名教育家波利亚认为,学习任何知识的最佳途径,都是自己去发现。因为这种发现,理解最深刻,也最容易掌握其中的内在规律、性质和联系。因此,在教学中,教师要为学生创设探究学习的情境,创设诱发学生主动参与活动的宽松氛围,提供探索空间,创设活动机会,放手让学生自己去探索、去发现、去创造、去表现,使学生学习的过程生动活泼、充满灵性、富有个性,从而促进知识高效生成,推动学生自主发展。

2. 自主探究,抓"突破点"

学习中最可贵的就是培养学生探索的意识和能力,探索可以说是获取知识的先导。为此,在教学中,我们要使学生能够探索和解决简单的实际问题,通过观察、操作、猜想等方式,培养学生的探索意识,使学生感受学习与现实生活的联系。依据学生的年龄特征和认知水平,设计有探索性和开放性的问题,给学生提供自主探索的机会,引导学生在实际情境中进行探索,在探索学习过程中,逐步培养学生的创新意识,形成初步的探索和解决问题的能力。

新课程标准中指出要使学生能够探索和解决简单的实际问题,通过观察、操作、猜想等方式,培养学生的探索意识和解决问题的能力。而观察作为主客体相互作用的基本形式,是儿童认识世界的重要途径。为此,我们应当向学生提供观察思考的机会,从而解决一些简单的问题。

3. 互动评价,抓"兴奋点"

新课程标准指出,教师要积极利用各种教学资源,创造性地使用教材,设计适合学生发展的课堂教学。课堂教学是一个动态生成的过程,许多课程资源往往是在师生互动、对话的过程中涌现和生成的。作为教师应准确把握这些以生命为载体的动态生成性资源,使之开放地纳入预设的课程目标中,让课堂焕发生命的活力,让教学涌动生命的灵性。教师的巧妙点拨、微笑示意、鼓励的话语,甚至是善意的诺言,都能够让那些碍于羞涩、胆小不敢发言的学生珍惜自己的锻炼机会。

不同的学生,抽象逻辑思维能力不同,看问题的角度不同。学习中学生的学习表现往往因人而异。我们要善于用机智通俗的语言去点拨学生,开阔他们的思维。尊重学生独特的理解,一分为二地看待问题,引导学生乐于思考。

(三)"源"课堂形态的创新之处

1. 以生为本,以学为先

把教学中的所有环节都落实在学生身上,落实在学生的"学习"上。教师在课堂中立足于学生的学习效果上,基于学情、教材内容来修改设置和修改教学目标。

2. 分组探究,合作学习

在课堂教学实施中分组合作学习,组建同质异组、异质同组等学习小组,实现独学、对学与群学。

3. 以评促学,以学定教

完善评价标准和评价依据,不仅仅以问题回答的对错或分数来进行评价,还依据学生在课堂上的学习情绪和状态,学生的学习体验和在学习过程中学生人格的健全和发展来进行评价。

二、校本研修,践行"源"课堂落地的四个路径

(一)深耕细研,持之以恒

学校依托"主题式教研""问题式教研""学科大教研"等方式,组织全体教师学习"源"课堂的相关理论,结合学科特点,理解内化"源"课堂内涵。按照"确定专题—学习理论—独立实践—集体讲评—总结提高"的教研流程,使教师对"源"课堂的认识逐渐明晰。

在"双减"背景下,想要让"源"课堂提质增效,主要是深耕精研浸润在日常教学的每一天。以数学组为例,如何通过最优化的教学设计让学生把抽象难懂的知识吸收、消化,直到会举一反三,真正地减负提质,除了固定的教

研时间,每天早上7:50—8:30自发形成了晨研的习惯。课前的交流特别高效,研讨每节课的教学目标、重点、难点,小组在主备课人的带领下梳理授课思路,你一言我一语地把课堂上可能出现的各种情况尽可能都预设出来,细细斟酌。在晨研短时间交流碰撞中,教师们会迅速根据讨论调整自己的课堂流程,尤其是年轻教师获益匪浅。

(二)课例研究,有效落实

依托公开课,开展课例研究。教务处每学期都要组织4个层面的公开课:高级教师引领课、骨干教师示范课、组内公开课、近3年的毕业生展示课。本学年继续探讨"双减"背景下单元教学设计的实施,如何减负提质打造高效课堂。以教研组为单位,每位教师的公开课都以集体备课—讲课—评课研讨的形式围绕研讨的主题进行,通过各个层级的公开课以及主题教研活动,教师对如何把握教材、如何进行单元教学设计,有了更深刻的认识,解决了教师教学当中的实际问题,分管学科教研的中层领导深入课堂听课,参与教研评课,对课堂教学进行引领和督促。这为聚源路小学"源"课堂教学模式打下了坚实的基础。

(三)作业建设,常抓不懈

基于课程标准,依据学习目标,把作业设计当成课题去研究,严控作业量,加强学科间的统筹,同时提升作业质量。关于作业质量,一要体现基础性。确保作业难度不超过国家课程标准的要求,鼓励学校系统化选编、改编、创编符合学习规律、体现素质教育导向的基础性作业。二要提高针对性。针对学生不同情况,精准设计作业,根据实际学情,精选作业内容;鼓励布置分层作业、弹性作业和个性化作业,用"少而精"的作业,让学生把该掌握的知识学会学透。三要注重发展性。鼓励教师科学设计探究性作业和实践性作业,探索跨学科综合性作业。切实避免机械、无效训练,严禁布置重复性、惩罚性作业。聚源路小学设计了"我的书香童年"阅读活动手册,指导学生会读书，会积累；教学生绘制思维导图，高效复习；开展书法、朗诵、课本剧等多样的学科活动，在活动中提升学生素养。让作业从教室中"走出来"，让学生从课桌中"解放出来"，有效提升学生思维的灵活性和广泛性，让作业成为培养和发展学生素养的有效途径。

（四）教师成长，弦歌不辍

一直以来，聚源路小学非常重视师资队伍建设，青蓝工程、教学名师工作室、种子教师成长团扎实推进。师徒每周都要互相听常态课，发现问题，及时诊断，及时研究，及时解决。公开课更是一字一句指导，手把手教学，此外，要指导总结青年教师教学反馈、教学常规、师德等方面存在的问题并提出改进意见。认真抓好青年教师的理论学习，在教师中开展读书活动，培养青年教师的读书习惯。帮助青年教师尽快成熟成长，力争使其在短期内成为学校的中坚力量，为学校可持续发展奠定坚实基础。

学校组建语文、数学、英语、科学4个学科的"教学名师工作室"，并在全校范围内遴选一批具有较高理论水准、具有一定影响、具有较大发展潜力的教学名师，领衔建设面向整个集团的"教学名师工作室"。共成立6个名师工作室（语文工作室2个：吴骞名师工作室和李娜名师工作室。数学工作室1个：米晓莉名师工作室。英语工作室2个：兰婷名师工作室和王会琴名师工作室。科学工作室1个：张瑞雪名师工作室）。学校拨付专项经费保障名师工作室各项业务活动，包括添置书籍资料、课题研究、专题研讨、邀请专家指导及观摩考察、参加学术会议、成果出版等。

学校为1990年以后出生的青年教师成立了5个"种子教师成长团"，为他们逐一配备了教学经验丰富、专业能力强的专业指导老师，有针对性地指导种子教师苦练教学基本功，过好教学关，力争3年后使每位种子教师在政治思想、师德修养、业务素质和教书育人的实际工作潜力方面到达优秀水平，尽快成长为骨干教师。

除参加区里、市里的各种培训、听课活动以外,聚源路小学鼓励教师走出去参加各种形式的培训及外出听课观摩等活动,只要有助于教师成长,学校不遗余力地提供最大支持。外出听课的教师回来后,在学科组教研会上汇报收获所得,对同组教师进行培训。他山之石,可以攻玉,借鉴他人成功的经验,也为我们的探索助力。学校定期聘请专家到校指导,同时我们充分挖掘校内资源——高级教师上示范引领课。聚源教师对成长的追求从未停歇,马不扬鞭自奋蹄。读书分享、经验交流、教学反思、课题研究更是常态有序开展。

三、"源"课堂学科教学模式构建

(一)"源"课堂语文学科课堂教学模式

1. 背景介绍

语文核心素质提升的主阵地是课堂教学。在教学中,依据《义务教育语文课程标准(2022年版)》,结合学生特点、学校特色,建构属于自己学校的课堂模式新样态,是提升语文核心素养,实现学生全面发展的关键。建构科学、专业、高效的教学模式,在课堂目标的引领下,明确了师生关系、生生关系,教学关系、学学关系,以及教评关系、学评关系,为课程目标的实现提供了保证。

2. 流程解析

科学、专业、高效的语文课堂模式,让课堂更有生命力,实现师生在课堂目标引领下的双向奔赴。一是创设情境,学法指导。真情境、真问题在提升学生学习兴趣的同时,将学到的大概念向真实生活迁移,为解决生活中遇到的实际问题提供了可能。二是循标自学,找出疑难。充分把握学情,准确区分哪些是学生自己可以习得的,哪些是需要学生进一步探究、教师深入指导的疑难问题,根据学生的反馈不断调控课堂教学的进度。三是导学解难,合作探究。变被动为主动,把学生作为学习的主体,激发学生的学习兴趣,在合作探究的过程中,学生的语言运用能力、思维能力得到提升,团队合作精神得到体现。四是多元互动,交流展示。打破课堂上师生的、教与学的、课内与课外的界限,良性有效的沟通和交流使课堂上不断闪现思维碰撞的火花。达标检测,教学评一体化;拓展延伸,依标而行。四个环节,环环相扣;五个步骤,层层推进;角色作用明了,整个课堂教学模式形成了完美闭环。

(1)学习目标的确定

明确的语文课堂目标使教学内容、实施和评价有重要意义,因此制定学习目标要依据课标、教材和学情。从识字与写字、阅读与鉴赏、表达与交流、梳理与探究4个方面进行设计,符合学生的认知能力、学习水平、心理水平等。目标设计基于学生原点及最近发展区,既有适宜自学、自主努力就可以达成的低阶目标,也有通过同伴合作探究、教师启发引导才能完成的高阶目标。在落实课堂目标的过程中,了解中华优秀传统文化,树立民族自豪感和自信心,培养爱国主义情怀。

语文课堂目标应来自不同的学习任务群,根据任务群的要求,清晰化、具体化、可检测,符合大单元目标,符合课程标准。

(2)真实情境的创设

创设真实问题情境,开启课堂学习,不仅可以激发学生的学习兴趣,还能让学生在面对任务和问题时思考运用什么样的知识、方法来解决当前的问题,即形成解决未来现实世界中问题的专家素养。有了这样的思维,学生对于课堂目标、知识的运用以及各种资源的整合利用,会有更加清晰的认识,进而有利于在课堂教学中建构解决问题的策略和方法,不断提高解决问题的能力。

(3)评价任务的设计

在设计评价任务之初,教师心中要依据课堂目标确定学生高质量学习特征的具体描述或证据。设计表现性评价和形成性评价问题是评价任务的关键,问题的设计要符合课堂目标,锻炼学生思维能力,引领学生进行深度学习,将知识运用到新情境中解决问题。把恰当的评价标准或评价量表与评价任务一起分享给学生,使学生不仅明确"怎么做、做什么",也清晰"做到什么程度",有利于学生进行自我评价,达成课堂目标。

(4)拓展和迁移

教师应围绕课堂目标,创造性地理解和使用教材,积极开发课程资源。所谓"拓展和迁移",就是"由语文课内向课外的适当延伸,它实质上是一种迁移教学"。适当的拓展可帮助学生解读文本,可扩充语文课堂教学的容量。课后出现的资料袋、阅读链接可以用于比较阅读、仿写、改编、鉴赏评价、读后感等。但无论哪种,一定要与课文本身形成一个契合点。因为只有文本才是教学之本,才是语文教学的主要凭借。所以教师在对课文进行拓展迁移时,应先深挖教材、紧扣文本,尊重教材的价值取向,而不能牵强附会地无度延伸。拓展迁移的目的是增强课程的资源意识,拓宽学生的阅读视野,激起他们的阅读兴趣。

在依据语文课堂教学模式设计一节课的时候,教师只有深刻理解各个环节和步骤之间的内在联系,才能形成符合课堂要求的设计,更好地呈现课堂教学的思路,保障课堂的务实高效,并助力个人专业水平的提升。

3.教学设计案例

《搭船的鸟》基于课程标准的教学设计

内容来源: 部编版义务教育教科书语文三年级上册。

教学主题: 留心观察。

课时: 两课时(本设计是第一课时)。

授课对象: 三年级学生。

设计者:刘苹(郑州市郑东新区聚源路小学)。

目标确定的依据:

1.课程标准的相关要求。

(1)基于识字与写字:对学习汉字有浓厚的兴趣,养成主动识字的习惯。能使用硬笔熟练地书写正楷字,做到书写规范、端正、整洁。写字姿势正确,有良好的书写习惯。

(2)基于阅读:用普通话正确、流利、有感情地朗读课文。初步学会默读,做到不出声、不指读。能联系上下文,理解词句的意思,体会课文中关键词句表达情意的作用。能初步把握文章的主要内容,体会文章表达的思想感情。能复述叙事性作品的大意,初步感受作品中生动的形象和优美的语言,与他人交流自己的阅读感受。

(3)基于习作:乐于书面表达,增强习作的自信心。愿意与他人分享习作的快乐。观察周围世界,能不拘形式地写下自己的见闻、感受和想象,注意把自己觉得新奇有趣或印象最深、最受感动的内容写清楚。

(4)基于口语交际:能用普通话交谈,学会认真倾听,听人说话能把握住主要内容,并能简要转述。能清楚明白地讲述见闻,说出自己的感受和想法。

2.学情分析。

(1)基于识字写字:学生已经有一定的独立识字能力,在写字过程中要继续引导学生做到书写规范、端正、整洁,注意汉字的间架结构、关键笔画,写字姿势正确,继续养成良好的书写习惯。

(2)基于阅读:学生能够正确朗读课文,初步学会默读,但是要想读得有感情,还需要练习、引导。借助文中关键词句去感受搭船的鸟的外形美丽和动作敏捷,需要在学习中去感悟。

(3)基于习作:学生乐于表达,能够不拘形式地把自己的想象和感受写下来,但是要想抓住特点,应按照一定的顺序,做到细致观察,把内容表达清楚,还需要多练习。

(4)基于口语交际:学生能用普通话交谈,认真倾听别人说话的能力需慢慢加强,讲述自己的感受时需要注意表达完整、有序。

3.教材分析。

本单元是第一次出现的习作单元,立足生活、放眼自然,旨在寻找和发现更多的美。通过课文研读,提升学生的习作能力。本文篇幅不长,但却是学生认识"细致观察"的第一篇文章,要通过阅读分清一般叙述和细致观察的区别,进而抓住重点词句感受这份细致所在及其表达效果,初步了解细致观察可以从环境、外形、动作入手,去发现生活中的美好。能够抓住重点词语联想动态情景,体会文中这只鸟儿的美丽敏捷,感受作者文字的准确性。本文能够激发学生在生活中观察的意识,提升观察和描写的能力,既有利于学生的阅读理解,又有利于学生的写作素材积累和方法提升。

教学目标:

1.学习词语,指导书写"翠",能正确、流利、有感情朗读课文。

2.通过描写翠鸟的语句,了解"我"对翠鸟外貌、动作所作的观察,想象翠鸟捕鱼的情景。

3.感受作者观察的细致,将学到的方法运用到小练笔中,进一步体会留心观察的好处。

评价任务:

1.准确读出词语,对比观察,知道"翠"的书写要点,通过指名读、齐读,有感情地朗读课文。

2.通过第二段和第四段中的关键词句,了解翠鸟外形美丽和捕鱼时动作的敏捷,体会作者用词的准确。

3. 能学以致用,仔细观察视频,通过小练笔练习,抓住一连串的动作,写出大熊猫吃竹子的过程。

教学过程:见表2-5。

表2-5 《搭船的鸟》教学过程

教学环节	教学活动	评价要点
环节一: 创设情境, 学法指导。 (4分钟)	活动一: 名言引入,"留心观察",创设情境,板书课题。	通过罗丹的名言,能说出"留心观察"。
环节二: 循标自学, 找出疑难。 (10分钟)	活动一: 1. 指导书写生字"翠",展示评价。 2. 学习词语,指名读,齐读。 活动二: 读课文,想想作者对哪些事物和场景作了细致观察。	1. 通过对比观察,清楚羽字头和"羽"的不同,能规范、端正、整洁地书写"翠",通过指名读、齐读等方式准确认读字词。 2. 读准字音,注意多音字"啦"的读音。 3. 在交流中,能说出作者对翠鸟的外形、动作以及对下雨天船上的场景进行的细致观察。

续表2-5

教学环节	教学活动	评价要点
环节三： 导学解难， 合作探究。 (20分钟)	默读课文，你从哪里看出作者对这些事物和场景作了细致观察？用横线画出来，并谈谈你的感受。 活动一：品读下雨天船上的场景，体会细致观察的好处。 1. 抓住"沙啦沙啦"，感受作者听得很仔细。 2. 抓住船夫摇橹的动作去感受作者看得认真。 活动二：品读外形，体会细致观察的好处。 1. 指名读第二自然段，其他同学边听边想：翠鸟给你留下了怎样的印象？ 2. 文中怎样描写了翠鸟的美丽？指名读，交流。 3. 指导朗读，总结写法。 活动三：品读动作，体会细致观察的好处。 1. 哪些词语体现了翠鸟动作的敏捷？谈谈你的感受。 2. 指导朗读，观看视频，感受翠鸟捕鱼动作的敏捷。 3. 总结写法：作者通过细致观察，抓住一连串的动词，写出了翠鸟捕鱼时动作的敏捷。	1. 能通过"沙啦沙啦""用力地摇着橹"等关键词句，感受作者对下雨天船上的场景进行的细致观察。 2. 能通过抓住描写颜色的关键词句，感受翠鸟的美丽，能感知作者通过细致观察、按照一定的顺序描写了翠鸟的外形。 3. 能通过默读课文、聚焦动词、观看视频等多种方式，感受翠鸟捕鱼时动作的敏捷，体会"我"观察的细致。 4. 能通过朗读，表现翠鸟外形的美丽和捕鱼时动作的敏捷。
环节四： 多元互动， 交流展示。 (6分钟)	活动一： 观察熊猫吃竹子视频，完成小练笔，交流评价，总结学法。	学以致用，能通过观看视频，仔细观察，用一连串的动词，写出熊猫吃竹子的动作，并愿意与他人分享，交流评价。

续表2-5

教学环节	教学活动	评价要点
环节五：走进生活，运用观察。（6分钟）	活动一： 1.再读名言，体会留心观察的好处。 2.布置作业，完成观察记录单。	课下能观察身边的一种动物、植物或一处场景，在观察记录单上记录观察所得，为习作5作准备。

(二)"源"课堂数学学科课堂教学模式

1.背景介绍

数学是研究现实世界的空间形式和数量关系的学科，是人类对事物的抽象结构与模式进行严格描述、推导的一种通用手段。基于抽象结构，通过对研究对象进行符号运算、形式推理、模型构建等操作，形成数学的结论和方法，帮助人们认识、理解和表达现实世界的本质、关系和规律。数学不仅是运算和推理的工具，也是表达和交流的手段。数学承载着思想和文化，是人类文明的重要组成部分。

构建深度学习数学课堂，有利于调动学生参与课堂教学活动的积极性，引导学生深入探究所学数学知识，促进学生所学内容的理解，完善知识结构，提升高阶学习能力与逻辑思维能力，凸显"双减"背景下核心素养的落实。

2.流程解析

"知识结构化、学习系统化"是提升学生理解和解决问题的能力，使其走向深度学习的关键。我们以"学科内整合、学科外融合"为方向，以"大问题、大任务、大情境"为导向，架构主题式研究。引领学生聚焦核心知识，在学习过程中,以多种形式开展学习活动。如导学、自学、合作学等,给学生独立思考、个性表达、充分交流的时间与平台;依据课标延伸内容,体现学习目标、内容的一致性;融合其他学科知识,借用其他学科知识或思维方式让学生更深入透彻地理解数学,习得关键能力,提升学科核心素养。设计"多元、多维度"的评价体系,实现教学评一体化。"导、学、探、展、评"五个步骤,层层推进,采用闭环形式,目标明确、任务清晰、评价有效。

(1)学习目标的确定

科学规范地制定指向学科核心素养的数学教学目标,需要明确两个关系:一是"三维目标"与"核心素养"的关系,二是"课程"与"教学"的关系。三维目标是核心素养的前提和基础,二者都强调学科基础知识与基本技能的掌握,重视学科知识的迁移与实践运用,关注学习方法、学习习惯、学习能力的培养。同时,都倡导自主、合作、探究学习,关注创新精神、思维品质、审美创造的培养和提升。在表述指向核心素养的教学目标时,要突破三维目标的三个维度,从立体结构的三维转向为开放多元的多维,要对知识与技能、过程与方法、情感态度与价值观进行综合性表达。

制定教学目标时,还要正确处理课程与教学的关系。这要求在制定教学目标时具备课程意识,深读课程标准、精研核心素养、把握教材特点、统整单元重点,将学科核心素养的课程目标细化分解并分级传递,进而贯通课程目标、学段目标、学期目标、单元目标、课时目标,准确把握各层级目标之间的内在联系和逻辑关系,形成"大目标统领小目标、小目标服务大目标"的格局。

(2)问题情境的创设

问题情境连接着数学世界和现实世界,为学生更好地习得数学、理解世界,并用数学的眼光观察世界创设了可能。在教学中选取贴近儿童生活的生活情境、现实情境和问题情境,有助于体会数学知识之间、数学与其他学科之间、数学与生活之间的联系。在探索具体情境所蕴含的关系中，能够发现问题和提出问题，运用数学和其他学科的知识与方法分析问题和解决问题，实现原有认知结构对新知识的同化，使认知结构得到补充和完善，从而促进学生的发展。

(3) 评价任务的设计

为了促进理解，需要构建基于核心概念等的表现性评价质量框架，进而使评价活动变得有效与可靠。表现性评价质量框架包括表现性目标、表现性任务、表现性规则及表现性教学。在教学实施中应设定理解目标，关注评价的整体性；紧扣理解要素，凸显评价的针对性；着眼理解层级，发挥评价的发展性；贯穿理解过程，促进评价的一致性。

(4) 拓展与延伸

数学拓展式教学是在基础教学的基础上进行适度补充和延伸。切合学情的拓展延伸活动让我们的数学课堂充满无限生机，也让学生在数学知识海洋中不断学会整合学习资源，使知识得到有效连接，应用意识和创新思维全面发展，全面提升学习数学的品质。因此，数学拓展式教学是在数学课堂中，以充分发挥学生的主体性为核心，通过问题的层层推进，促进学生形成系统性、结构化的数学思考，从而达到对数学知识、方法的深度学习，形成新见解，构建新系统。

在依据"导、学、探、展、评"教学模式设计一节课的时候，只有从数学知识的结构和学生认知结构两个层面出发，构建"教"和"学"的互动，才能使课堂教学变得更有整体性、关联性和创造性，才能真正促进学生数学素养的提升。

3. 教学设计案例

《认识三角形》基于课程标准的教学设计

内容来源: 部编版义务教育教科书数学四年级下册。

教学主题: 认识三角形。

课时: 第一课时。

授课对象: 四年级学生。

设计者: 李景璞(郑州市郑东新区聚源路小学)

目标确定的依据:

1. 课程标准的相关要求。《义务教育数学课程标准(2022年版)》在第二学段"学习领域"中提出,学生要经历从实际物体抽象出几何图形的过程,认识图形的特征。在"内容要求"中提出学生要能认识三角形。在"学业要求"中提出学生要能说出图形之间的共性,形成空间观念和初步的几何直观。在"教学提示"中提出要引导学生从图形的直观感知到探索特征。

2. 学情分析。四年级学生已经积累了一些有关"空间与图形"的知识和经验,形成了一定程度的空间感。他们对周围事物的感知和理解能力以及探索图形及其关系的欲望不断提高,具备了一定的抽象思维能力,可以在比较抽象的水平上认识图形并进行探索。在正式学习三角形之前,学生对三角形已有直观的认识,已经能从平面图形中分辨出三角形,在生活中也积淀了很多关于三角形的感性经验,这些经验构成了学生学习新知的基础。因此,本节课进行教学设计时,要在学生已有知识的基础上设计教学活动,关注学生起点,使学生体验数学与生活的联系,培养学习数学的兴趣。

3. 教材分析。《认识三角形》是义务教育教科书数学四年级下册第五单元的第一课时，本课是小学数学第二学段"空间与图形"中的学习内容。本节课主要帮助学生在原有的感性认识的基础上，使学生通过观察、操作、推理等手段，逐步归纳三角形的定义，理解三角形底和高的含义，会画三角形的高，这也是后续学习三角形面积计算以及学习其他几何图形相关知识的基础。

空间与图形的概念教学，一般要让学生经历感知—表象—形成概念的过程，教材会按学生的认知规律安排教学过程。首先，引导学生观察现实情境中的三角形，并联系生活里的三角形进行感知。接着，让学生画一画、摆一摆三角形，进一步强化表象，明确三角形是由三条线段围成的图形。在此基础上，让学生判断什么样的图形是三角形，并观察三角形的特征，认识三角形各部分的名称。三角形的底和高是三角形里的重要概念，是本节内容的重点和难点。通过"试一试"环节，安排三个高、底的位置有变化的三角形，要求学生会画不同位置的底所对应的高，这样使学生在操作过程中体会高的概念；认识从三角形的一个顶点到它的对边作一条垂线，顶点和垂足之间的线段叫作三角形的高；感受底和高的一一对应关系，进一步理解三角形底和高的含义。

学习目标：

1.在观察、操作活动中，逐步认识三角形，概括出三角形的定义，知道三角形各部分的名称，并学会用符号表示三角形。

2.联系生活实际，借助信息技术认识三角形的底和高，会画三角形的高。

3.利用信息技术进行展示，培养空间观念，体验数学与生活的联系，学会用数学的眼光看生活。

评价任务：

1. 通过画一画、摆一摆等活动，能概括、理解三角形的定义。

2. 依据定义会判断哪些图形是三角形，并识别三角形各部分的名称。

3. 在自学、观察、操作活动中，知道什么是三角形的底和高，会画三角形的高。

教学过程： 见表2-6。

表2-6 《认识三角形》教学过程

教学环节	教学活动	评价要点
环节一：创设情景，激趣引入。	活动一： 师：同学们，今天老师有点与众不同，你发现了吗？你在红领巾上找到什么平面图形？（三角形） 活动二： 师：请看，金字塔上也有三角形，请伸出手指描一描。你能在郑州奥体大桥上找到三角形吗？郑东新区双河公园导览图上也有三角形，伸手比画一下（利用课件演示三角形的三条边，帮助学生建立表象）。三角形在我们的生活中得到了广泛应用，这节课我们就来进一步认识三角形。（板书课题：认识三角形）	学生能在熟悉的情境中找到三角形，利用信息技术呈现现实事物，调动已有的生活经验，丰富三角形的表象，体会三角形与生活的密切联系。

续表2-6

教学环节	教学活动	评价要点
环节二：探索新知，理解概念。	活动一： 过渡语：之前我们初步认识了三角形，你能把你心目中的三角形画下来吗？ 活动要求：自己试着画一个三角形，边画边想你是怎样画的。（课件出示） 请拿出活动单一，开始吧，谁愿意到黑板上来画一个？ 学生画一画。 师：请介绍一下你是怎么画的吧。谁还有别的画法？（画三个端点，连起来） 师：你们用不同的画法都画出了一个三角形，结合你们的画法想一想：什么样的图形是三角形？ 生：三个顶点，三条边。 师：我们把他的想法画下来（画出三个顶点，三条弯曲的边）。怎么没有成功啊？应该是？ 三角形这三条边是直的，是三条线段。（板书：三条线段） 活动二： 如果我用三条线段代表三角形的三条边，谁能上来摆出一个三角形？ 摆的时候要注意什么呢？ 相邻两条线段的端点要连起来，请你具体指一指。 每相邻的两条线段的端点都连起来了，也就是（每相邻两条线段的端点相连），这样三条线段就围成了三角形。（板书：围成。） 现在来说一说什么样的图形是三角形。 补充：由三条线段围成的图形，叫作三角形。 活动三： 数学语言果然神奇，一句话就概括了三角形的定义，下面判断下面图形哪些是三角形？ （课件出示） (1) (2) (3) (4) (5) 用定义去判断做到有理有据，抓住了三角形的本质。这些三角形有什么相同点？ 相同点是它们都有三个顶点、三个角、三条边。 数学有一种美，叫简洁美，为了便于表述，我们用大写字母A、B、C来表示三角形的三个顶点，这个三角形就可以表示成△ABC。 三角形有了名字，它的每个顶点也有名字：顶点A、顶点B、顶点C。那么连接A、B两个顶点的边就叫AB边……你接着说…… 活动四： 通过画一画，摆一摆，知道了什么是三角形以及三角形的特征，用三个磁扣代表三个顶点，你能想象出三角形吗？用手比画一下。感受：不在同一直线上的三个点能连成一个三角形。	1. 学生通过画一画、摆一摆的活动，能概括、理解三角形的定义。 2. 学生利用定义，会判断什么样的图形是三角形，知道三角形各部分的名称，学会用符号表示三角形。 3. 给出三个顶点，想象出三角形，培养学生的空间观念。

续表2-6

教学环节	教学活动	评价要点
环节三： 自主探究， 操作交流。	活动一： 过渡语：大家想象出了这么多的三角形（表扬同学们会发现、会想象），这么多三角形好热闹啊，我们一起走入三角形王国，看看发生了什么故事吧。（视频引入，生动有趣） 两个三角形都想赢得奖励，在比高，我们拿出身高尺量一量吧。 (移动瘦瘦的三角形)这是三角形的高吗？那什么是三角形的高呢？同学们自学课本第58页，看活动要求（课件呈现）： ①自学教材第58页； ②同桌交流什么是三角形的高，怎样画高； ③尝试画出活动二中瘦瘦的三角形的高。 生：从三角形的一个顶点到它的对边作一条垂线，顶点和垂足之间的线段叫作三角形的高，这条对边叫作三角形的底。 活动二： 哪一组同桌上来演示一下怎样画出瘦瘦的三角形的高？我们给瘦瘦的三角形的三个顶点标上ABC。 画高方法：先用三角尺的一条直角边与BC边重合，另一条直角边经过顶点A，然后从顶点A向BC边画一条垂线，顶点与垂足之间的线段就是三角形的高。 我们来测量一下，瘦瘦的三角形的高是？ 那我们再来量一量胖胖的三角形的高(在身高尺上量)，我们要怎样画出这个三角形的高呢？谁来比画一下这个胖胖的三角形的高？ 顶点A到BC边的垂直线段。 我们用刚才画高的方法，先用三角尺的一条直角边与BC边重合，另一条直角边经过顶点A，现在BC边不够长这么办？我们可以画BC边的延长线，画成虚线，然后从顶点A向BC边延长线画一条垂线，顶点与垂足之间的线段就是三角形的高。你学会了吗？让我们动手试一试吧。 现在量一量，胖胖的三角形的高是？ 那你们想让瘦瘦的三角形参加比赛吗？ 忽然，一阵大风吹来，咦，胖胖的三角形怎么长高了呢？ 谁来测量一下胖胖的三角形的高。那胖胖的三角形的高该怎么画呢？ 让我们看看胖胖的三角形怎么说。 介绍高在三角形外面的画法（视频演示，直观清晰，突破难点）。 一个三角形有几条高呢？所有的三角形都有三条高，高和顶点是一一对应的（课件演示，化难为易）。 活动三： 直角三角形也想来测测身高，你能找出它底边对应的高吗？ 活动四： 画出每个三角形指定边上的高。	1. 充分利用好信息技术，视频引入，使课堂充满童趣，激发学生学习数学的乐趣，体验学习的快乐。 2. 学生在自学、观察、操作活动中，知道什么是三角形的高，尝试画高。 3. 运用信息技术攻克了画高这一难点，视频演示清晰直观，化难为易，很好地辅助了教学。学生能清楚地看出一个三角形有三条高，在辨析、交流、视频演示下，掌握画高方法，初步感受三角形底和高相互依存的关系。 4. 运用本节所学新知，灵活画出不同位置的底所对应的高。通过课件的演示，理解，吃透，到熟练掌握。

续表2-6

教学环节	教学活动	评价要点
环节四：课堂回顾，系统建构。	我们班同学学习都很认真,回想一下,通过这节课的学习,你对三角形又有了哪些认识？	学生能就本课时知识要点进行表达,梳理本节知识,强化本课所学内容。
环节五：巩固提高，拓展延伸。	三角形是几何图形的基本图形,任何多边形都可以分割成若干个三角形。有人说,征服宇宙必征服数学,征服数学必征服几何,征服几何从三角形开始。 作业： ①课本第58页"做一做"； ②"火眼金睛"三角形大搜索。	学生能够体验数学与生活的联系,培养学习数学的兴趣。通过合理利用信息技术,直观演示,进而探索数学中的奥秘。

(三)"源"课堂英语学科课堂教学模式

1. 背景介绍

义务教育英语课程体现工具性和人文性的统一,具有基础性、实践性和综合性的特征。在实际教学中,我们要依据《义务教育英语课程标准(2022年版)》,坚持素养立意,以主题为引领,选择和组织课程内容,践行学思结合、用创为本的英语学习活动观,注重教学评一体化设计,通过构建系统、高效的课堂模式,发展学生的语言能力,培育文化意识,提升思维品质,提高学习能力。

2. 流程解析

依标设计、科学合理的英语课堂模式,让师生沟通更流畅,学习活动更高效,目标达成更轻松。创设情景,学法指导。根据教学主题,创设真实情境,让学生尝试在真实情境中解决真实问题,激发学生学习兴趣。循标自学,找出疑难。基于学情,设计难度螺旋上升的问题链,鼓励学生主动发现问题,积极尝试解决问题,根据学生的反馈不断调控课堂的进程。导学解难,合作探究。充分发挥学生的主观能动性,鼓励学生通过小组合作探究的方式,解决疑难,发展语言能力和思维品质,提高学习能力和团队合作意识。多元互动,交流展示。通过师生、生生、小组交流等丰富多样的方式,展示学习成果,树立学习自信心,提高语言表达能力。达标检测,拓展延伸。注重教学评一体化设计,通过听、说、读、看、写等活动检测学习效果,反馈课堂教学。

(1)学习目标的确定

英语学习目标的确定要依据课标、学情和教材,从语言能力、文化意识、思维品质和学习能力四个方面综合考虑,设计由易到难、螺旋上升的学习目标。目标设计要基于学生已有的基础和学习需求,深入开展语篇研读,挖掘每个语篇有价值的学习内容。依据学生不同的学习风格、生活经历、能力层次和语言水平,选择和组织教材,合理制定教学目标。在落实课堂目标的过程中,帮助学生加深对中华文化的理解和认同,树立国际视野,坚定文化自信。

(2)真实情境的创设

真实情境不仅能激发学生的学习兴趣,营造良好的课堂氛围,还能充分激活学生的思维,有利于学生在所创设的情境中积极思考、勇敢表达并掌握相关知识,从而提高课堂学习效率。在实际教学中,要根据教材内容"因材施教",充分利用多种教学资源,丰富课堂学习活动,鼓励学生在情境中获取、梳理并内化所学语言和文化知识,联系个人实际,运用所学解决现实生活中的问题,形成正确的态度和价值判断。

(3)评价任务的设计

评价主要发挥监控教与学过程和效果的作用,为促教、促学提供参考和依据,要贯穿教与学始终。评价任务的设计要以学生核心素养的全面发展为出发点和落脚点,充分发挥学生的主体作用,采用多种评价方式和手段,将形成性评价和终结性评价相结合,并充分关注学生的个体差异,帮助每个学生在原有基础上实现发展,确保达成课程目标。

(4)拓展和迁移

教师应围绕课堂目标,创造性地理解和使用教材,积极开发与合理利用课程资源。拓展和迁移要以学生的兴趣和直接经验为基础,本着"学用结合、课内外结合、学科融合"的原则,开展综合性学习活动,把学生的学习从书本引向更广阔的现实世界。鼓励学生通过拓展和迁移活动,创造性地解决新情境中的问题,理性表达情感、态度和观点,促进能力向素养的转化。

3.教学设计案例

Unit 3 At the zoo 基于课程标准的教学设计

内容来源:部编版义务教育教科书英语(PEP)三年级下册。

教学主题:动物。

课时:第4课时 Part B Let's talk。

授课对象:三年级学生。

设计者:张思琪(郑州市郑东新区聚源路小学)。

目标确定的依据:

1.课程标准的相关要求。

(1)语言能力:能有意识地通过模仿学习发音;能大声跟读音视频材料;能根据简单指令作出反应;进行简单的交流,介绍自己和身边熟悉的人或事物,表达情感和喜好。

(2)文化意识:有与人交流沟通的愿望,能大方地与人接触,主动问候。

(3)思维品质:能通过对图片、具体现象和事物的观察获取信息;能根据个人经历对语篇内容、人物或事件等表达自己的喜恶。

（4）学习能力：对英语学习感兴趣，有积极性；喜欢用英语和别人交流，乐于学习和模仿，敢于表达，不怕出错；能在学习活动中尝试与他人合作，共同完成学习任务。

2. 学情分析。

三年级的学生对直观图片、实物等形式比较感兴趣，在英语学习中有一定的模仿能力，而且能大胆开口，乐于用学到的英语与人交往。通过两年的英语学习，学生积累了一定的语言素材，也掌握了一定的英语学习技能。学生在一、二年级已经初步接触到"动物"主题相关单词和句型，比如"bird、panda、pig、monkey、rabbit、butterfly、It's…It can…"，因此学生对本单元的话题比较熟悉。通过创设真实情境、师生交流、生生练习等方式，并充分利用多媒体资源的优势，学生应该比较容易掌握本节课的内容，进而达到培养其综合语言运用能力的目的。

3. 教材分析。

本部分通过 Miss White、John、Mike 和 Chen Jie 在动物园看大象的情境呈现了核心句型"It has…"。教学目标是要求学生能够理解对话大意，能够用正确的语音语调朗读对话，并能在语境中区分和运用"It has+形容词+单数身体部位"和"It has+形容词+复数身体部位"的句型。由于学生已经学习过一些身体部位的单词，在拓展部分，可以引导学生运用"I have…/I can…/I like…"进行角色扮演，完成知识的迁移和巩固。

学习目标：

1. 能够在图片、实物或情景的帮助下运用句型"It has…"描述动物并听懂别人的描述。

2. 能正确理解 Let's talk 对话内容，并能按照正确的语音语调朗读对话、角色扮演。

3.能在所创设的情境中运用所学语言创编新对话。

评价任务：

1.通过观察身体部位、听声音等能猜出动物，并能熟练运用句型"It's…/It has…/It can…/It likes…"对相关动物进行简单描述。

2.通过师生互动、观看视频、生生交流、角色扮演等方式，能正确理解Let's talk 对话内容，并能按照正确的语音语调朗读课文、角色表演。

3.通过小组合作描述动物、组建自己的动物园等活动，能够在真实情境中创编新对话，完成角色扮演及知识迁移。

教学过程：见表2-7。

表2-7 Unit 3 At the zoo 教学过程

教学环节	教学活动	评价要点
环节一：创设情境，学法指导。（4分钟）	1. Greeting. S:Good morning everyone! How are you? T:I'm fine/happy… 2. Ask and Answer. 师生互动，谈论喜欢的动物等相关问题。 T: What animals do you like? Why? S: I like …/ It's very… T: Can you act like a/an…? Wow, you are so cute/funny…	1.师生互动，拉近与学生的距离，减少紧张情绪。 2.通过师生互动，谈论自己喜欢的动物，为进入本课主题——Let's go to the zoo 作铺垫。

续表2-7

教学环节	教学活动	评价要点
环节二： 循标自学， 找出疑难。 （10分钟）	1. Let's go to the zoo. 创设去动物园的真实情境，教师扮演导游，带领学生参观动物园，初步感知句型： Come here, children! Look at the… 2. Look and Guess. ①教师出示动物图片及声音，引导学生学习并运用重点句型"It has…"描述动物身体部位，并区分单复数的用法。 T：Come here, children! Look at the bear. Can you describe it? S1：It has a big body. S2：It has a short tail. S3：It has small eyes. S4：It has four strong legs. ②在学生会用"It has…"描述动物的基础上，拓展句型：It can…/It likes… T：What can the bear do? S：It can run/ walk/swim… T：What does the bear like? S：It likes meat/fish/honey… 用同样方法学习描述狮子。	1. 学生能够在教师的引导下，理解并进入本课学习主题。 2. 学生能够在图片、声音等帮助下，初步感知句型"It has…"并能准确描述动物的身体部位。 3. 学生能在教师的引导下学习运用拓展句型"It can…/It likes…"对动物进行描述。
环节三： 导学解难， 合作探究。 （12分钟）	1. Watch the video and answer. 教师介绍对话情境。 T：Look, Miss White and the children are at the zoo too. What animal are they talking about? （看视频回答问题） They're talking about an elephant. 2. Can you describe the elephant? 引导学生用所学语言描述大象。 It has…/It can…/It likes… 3. Listen and repeat. 听录音跟读，提醒学生在跟读的过程中模仿正确的语音语调。 4. Role play. 师生、生生互动，进行角色扮演。	1. 通过观看动画，学生能基本理解对话大意，能正确回答问题。 2. 学生能用目标句型"It has…/It can…/It likes…"准确描述大象。 3. 学生能在听读、跟读、角色扮演中模仿正确的语音语调，做到发音准确，停顿自然。

续表2-7

教学环节	教学活动	评价要点
环节四： 多元互动， 交流展示。 (10分钟)	1. Meet your animal friends. 引导学生小组内寻找自己的动物卡片,尝试运用目标语言,分角色描述动物。 S1: Come here, children! Look at the… S2: Wow, it has… S3: It can… S4: It likes… 2. Make your zoo. T: I have a dream that I really want to have a zoo. Can you help me? Now, I am the director, who can be a/an…? 教师通过与三位同学示范,扮演动物园馆长与动物,鼓励学生完成 Make your zoo 活动。 S1: Welcome to my zoo! Look at the animals! S2/3/4: Hello, I'm a/an… I have… /I can… / I like… 3. Make the rules for your zoo. Don't litter! Don't feed the animals! Don't hurt animals! …	1.学生能在相关句型的提示下,运用主要句型"It has…/It can…/It likes…"完成描述动物的活动。 2.通过师生互动、示范,学生能够理解活动内容,能在小组内完成角色扮演并积极展示,在展示中能做到语言表达准确流利,表演动物形象生动。 3.学生能在教师的提示下说出一些动物园规则,提升自身品德修养。
环节五： 升华主题， 拓展延伸。 (4分钟)	1. 观看视频,升华主题。 Animals can protect people, we should love and protect animals. 2. Homework： (1) Read the dialogue fluently. (2) Draw the animals you like and try to describe them.	通过观看视频,激发学生热爱动物、保护动物的意识,升华主题。

(四)"源"课堂科学学科课堂教学模式

1.背景介绍

建设科技强国,需要培养一大批具备科学家潜质的青少年群体。2022年9月,中共中央办公厅、国务院办公厅印发了《关于新时代进一步加强科学技术普及工作的意见》。文件指出,将激发青少年好奇心、想象力,增强科学兴趣和创新意识作为素质教育重要内容,把弘扬科学精神贯穿于教育全过程。建立科学家有效参与基础教育机制,充分利用校外科技资源加强科学教育。小学科学教育作为培养具有科学家潜质的青少年群体中的重要一环,提高小学科学教育水平,促进学生科学核心素养培养也显得极为重要。科学课堂作为实现这一目标的基础,严谨、科学、高效、专业的教学模式显得尤为重要。

2. 流程解析

严谨、科学、高效、专业的科学课堂模式,可以让课堂更有生命力。教师设计适当的问题情境,使学生发生认知冲突;运用猜想与假设,与认知结构中的前概念建立联系;在对各种假设整理归纳的基础上,鼓励学生设计出合理的探究方案;通过实验探究或逻辑推理,验证假设,寻求认知冲突的解决;在互动展示评价中,引导学生以科学概念代替错误概念,达到认知的重组与知识的迁移创新。

(1)学习目标的确定

确定小学科学学习目标时,需要考虑学生的年龄特点、认知水平和学科发展规律,同时也要结合国家的教育标准和课程要求。可分为四个方面:

一是知识目标。确定学生需要掌握的科学知识范围,包括物理、化学、生物等方面的基础知识,如物质的性质、能量的转化、生物的生长等,以及相关的科学原理和概念。

二是技能目标。确定学生需要具备的科学实验技能,包括观察、实验操作、数据记录、数据分析和实验总结等方面的技能。

三是思维目标。确定学生需要培养的科学思维能力,包括观察、提出问题、假设和推理、实验设计和探究等方面的思维能力。

四是情感态度目标。确定学生需要培养的科学态度和价值观,包括对科学的兴趣和好奇心、对科学实验的认真和负责态度、对科学知识的尊重和珍惜等。

在确定学习目标时，需要考虑学生的年龄特点和认知水平，遵循学科发展规律，尊重学生的发展需求，同时也要结合国家的教育标准和课程要求，确保学习目标的科学性和可操作性。明确学习目标，可以指导教师的教学设计和教学实施，帮助学生有效地学习和掌握科学知识和能力。

（2）真实情境的创设

创设真实性问题情境，开启课堂学习，不仅能激发学生的学习兴趣，也让学生在面对任务和问题时思考运用什么样的知识、方法能解决当前的问题，即形成未来解决现实世界中问题的专业素养。有了这样的科学思维，学生对于课堂目标、知识的运用，各种资源的整合利用，会有更加清晰的认识。如此，有利于在课堂教学中帮助学生建构解决问题的策略和方法，不断提高学生解决问题的能力。

（3）评价任务的设计

在设计评价任务之初，教师要依据课堂目标确定学生高质量学习特征的具体描述或证据。设计表现性评价和形成性评价问题是评价任务的关键，问题的设计要符合课堂目标，锻炼学生思维能力，引领学生进行深度学习，将知识运用到新情境中解决问题。把恰当的评价标准或评价量表与评价任务一起分享给学生，使学生不仅明确"怎么做、做什么"，也清晰"做到什么程度"，不仅有利于学生进行自我评价，达成课堂目标，也有利于教师对学生掌握程度的整体把控。

（4）拓展和迁移

小学科学课堂的拓展和迁移是指在学生已经掌握了基础科学知识和技能的基础上，教师通过拓展和迁移的方式，帮助他们将所学的知识和技能应用到新的情境中，培养学生的综合运用能力和创新思维。课下是学生学习科学的又一阵地,将科学知识与其他学科内容进行整合,设计跨学科项目和任务,让学生在跨学科情境中运用科学知识,促进学生的综合运用能力和创新思维。提供丰富的学习资源,包括科学实验器材、科普读物、多媒体资料等,让学生在课外时间进行自主学习和探究,拓展和迁移所学的科学知识。无论哪种方法,都可以帮助学生在小学科学课堂中进行知识的拓展和迁移,培养学生的综合运用能力和创新思维,提高学生的科学素养和实践能力。同时,教师也需要在教学中给予学生充分的指导和支持,引导学生进行有效的拓展和迁移。

在依据科学课堂教学模式设计一节课的时候,只有深刻理解各个环节和步骤之间的内在联系,才能形成符合课堂要求的设计,更好地呈现教师课堂教学的思路,保障课堂的务实高效,助力教师个人专业水平提升。

3.教学设计案例

《导体与绝缘体》基于课程标准的教学设计

内容来源:大象出版社2019年版《义务教育教科书 科学 三年级下册》。

教学主题:利用简单电路判断物体的导电性。

课时:1课时。

授课对象:三年级学生。

设计者:万慧敏(郑州市郑东新区聚源路小学)。

目标确定的依据:

1.课程标准的相关要求。

(1)科学观念。知道有些材料是导体、容易导电,有些材料是绝缘体、不容易导电,并能够说出常见物体中哪些属于导体,哪些属于绝缘体。

(2)科学思维。以材料性质为依据,能够对生活中常见的材料进行分类,具有初步的分类思想。

(3)探究实践。能够依据实验现象,判断物体的导电性能,形成科学探究的意识,初步具有科学探究能力。

(4)态度责任。乐于探究物体的性能,能够如实记录和报告相关实验现象,尊重事实,具有用事实说话的意识。

2.学情分析。

(1)科学观念。根据生活经验,学生已经知道了生活中有些材料容易触电,有些材料不容易触电。但是,对于这些现象的描述语言不够科学严谨,还需要教师进一步引导。

(2)科学思维。学生在生活中已经有给物体分类的经历,本节课需要教师明确分类的依据。

(3)探究实践。学生在前面已经经历过电路的实验操作,初步具有科学探究思路和思想。本节课还需要教师明确具体的探究目标。

(4)态度责任。学生已经可以准确记录实验现象,尊重事实。教师需要进一步强调用事实说话。

3.教材分析。

本节课选自"电与我们的生活"这一单元,本单元重点承担的科学探究目标是:在教师的引导下,能基于所学知识,进行简单的实验设计,制订简单的探究计划。《导体与绝缘体》这一课,通过前面几节知识的铺垫,很好地落实了本单元的探究目标。既是对前面几节内容的回顾,也是对前面所学知识的一个进阶。

教学目标:

1.科学观念:通过实验,能够认识到容易导电的物质叫作导体,不容易导电的物质叫作绝缘体;并能够说出常见物体中哪些属于导体,哪些属于绝缘体。

2.科学思维:以材料性质为依据,能够对生活中常见的材料进行分类。

3.探究实践:能够利用检测器,依据实验现象,判断物体的导电性能。

4.态度责任:乐于探究物体的性能,能够如实记录和报告相关实验现象,尊重事实,具有用事实说话的意识。

评价任务:

1.通过小组讨论,学生能够正确连接电路检测器并能够正确检测被测物体的导电性能,如实记录实验结果。

2.通过对实验结果的分析,学生能发现有的物质容易导电,有的物质不容易导电。

3.通过对干湿木棒导电性的对比,学生能够认识到绝缘体的绝缘性并不是绝对的;学生能够描述容易导电的物体成为导体,不容易导电的物体成为绝缘体。

教学过程:见表2-8。

表2-8 《导体与绝缘体》教学过程

教学环节	教学活动	评价要点
环节一:生活问题导入,提出问题。(3分钟)	出示手机图片,提问:为什么我们可以直接拿着充电器插在插座上?	
环节二:大胆猜想,提出假设。(2分钟)	生活中还有哪些物体也像手机充电器这样呢?	学生能够根据生活经验说出生活中哪些材料像手机充电器的外壳一样不容易导电。

续表2-8

教学环节	教学活动	评价要点
环节三：实践探究。(30分钟)	1.组织学生设计电路检测器,进行点评。 2.组织学生对干木棒、湿木棒、塑料尺、橡皮、硬币等进行检测,并在教室内巡察,为学生提供帮助。	1.通过小组讨论,学生能够正确连接电路检测器;能够正确检测被测物体的导电性能,并如实记录实验结果。 2.通过对实验结果的分析,学生能发现有的物质容易导电,有的物质不容易导电。
	1.讲解电流表的作用和使用方法。 2.组织学生设计新的检测器,并对其进行指导。 3.组织学生分组实验,检测材料的性能,并在实验过程中巡回指导。	1.通过小组讨论,学生能够正确连接电路检测器。 2.通过小组合作,小组能够正确检测被测物体的导电性能,并如实记录实验结果。
	1.介绍精密电流表和普通电流表的区别。 2.利用精密电流表为学生演示实验。 3.组织学生分组实验,检测湿木棒、干木棒、塑料尺、橡皮这些材料是否容易导电。	1.学生能够根据实验结果,如实记录实验数据。 2.通过上述实验,学生能够认识到湿木棒也是容易导电的。

续表2-8

教学环节	教学活动	评价要点
环节四：分析总结，交流展示。（5分钟）	引导学生理解并比较干湿木棒的导电性；总结容易导电的物体是导体，不容易导电的物体是绝缘体。	通过对干湿木棒导电性的对比，学生能够认识到绝缘体的绝缘性并不是绝对的；学生能够描述容易导电的物体是导体，不容易导电的物体是绝缘体。

(五)"源"课堂体育与健康学科课堂教学模式

1. 背景介绍

体育核心素养提升的主阵地是课堂教学。在教学中，依据《义务教育体育与健康课程标准(2022年版)》，结合学生特点、运动项目特点、学校特色，建构属于自己学校的课堂模式新样态，是提升体育核心素养、实现学生全面发展的关键。建构科学专业高效的教学模式，在课堂目标的引领下，明确了师生关系、生生关系，教学关系、学学关系，教评关系、学评关系，为课程目标的实现提供了保证。

2. 流程解析

"学、练、赛、评"的体育课堂模式，让课堂更有生命力，实现师生在课堂目标引领下的双向奔赴。创设情景，学法指导。真情境、真问题在提升学生学习兴趣的同时，把学到的运动技能向真实生活迁移，为解决生活中遇到的实际问题提供了可能。循标自学，找出疑难。充分把握学情，准确区分哪些是学生自己可以习得，哪些需要学生进一步探究，教师深入指导的疑难问题，根据学生的反馈不断调控课堂的进程。导学解难，合作探究。变被动为主动,把学生作为学习的主体,激发学生的学习兴趣,在合作探究的过程中,学生的语言运用能力、身体示范能力、思维能力得到提升,团队合作精神得到体现。多元互动,交流展示。打破课堂上师生的、教与学的、课内与课外的界限,良性有效的沟通和交流使课堂上不断闪现思维碰撞的火花。

(1)学习目标的确定

明确的体育课堂目标使教学内容、实施和评价有了意义,所以制定学习目标要依据课标、教材和学情。从基础知识与基本技能、体能、技战术运用、展示或比赛、规则与裁判方法、观赏与评价6个方面进行设计,符合学生的认知能力、学习水平、心理水平等。目标设计基于学生原点及最近发展区,既有适宜自学、自主努力就可以达成的低阶目标,也有通过同伴合作探究、老师启发引导才能完成的高阶目标。在落实课堂目标的过程中,激发学生学习兴趣和参与热情,落实"学、练、赛、评"的要求,逐步提高学生动作熟练程度和对体育运动的全面理解,加强学生体育品德的引导,提升学生顽强意志与国家情怀的认知。

体育课堂目标应来自不同的学习挑战竞赛,并依据挑战竞赛的要求,使其清晰化、具体化、可量化,且符合大单元目标与课程标准。

(2)真实情境的创设

创设真实性问题情境开启课堂学习,不仅激发学生的学习兴趣,也让学生基于挑战和问题进行思考,探索运用什么样的技战术方法能解决当前的问题,从而逐步形成在现实世界中解决问题的专项素养。有了这样的思维,学生对于课堂目标、技战术的运用和各种资源的整合利用会有更加清晰的认识。如此,有利于在课堂教学中帮助学生建构解决问题的策略和方法,不断提高学生解决问题的能力。

(3)评价任务的设计

在设计评价任务之初,教师要依据课堂目标确定学生高质量学习特征的具体描述或证据。设计表现性评价和形成性评价问题是评价任务的关键,挑战的设计要符合课堂目标,锻炼学生身体运用能力,引领学生进行反复尝试练习,将技术技能运用到新情境中解决问题。把恰当的评价标准或评价量表与评价任务一起分享给学生,使学生不仅明确"怎么做、做什么",也清晰"做到什么程度",有利于学生进行自我评价,达成课堂目标。

(4)拓展和迁移

教师应围绕课堂目标,创造性地理解和使用教材,积极开发课程资源。所谓"拓展和迁移",就是"由体育课内向课外的适当延伸,它实质上是一种迁移教学"。适当的拓展可帮助学生提升体质,可扩充体育课堂的技战术、体能等。课后出现的微视频、运动方式链接等均是可行的办法。无论哪种,一定要与身体锻炼形成一个切合点。因为只有锻炼才是教学之本,唯有科学的反复的锻炼才能达到体育运动的最终目标。所以教师在进行拓展迁移时,首先是尊重学情,尊重身体发育规律及运动项目规律,而不能牵强附会地无度延伸。拓展迁移的目的是增强学生体质,拓宽运动项目的玩乐,激起他们的运动兴趣。

在依据体育课堂教学模式设计一节课的时候,只有深刻理解各个环节和步骤之间的内在联系,才能形成符合课堂要求的设计,更好地呈现教师课堂教学的路线,保障课堂的务实高效,助力教师个人专业水平提升。

3. 教学设计案例

《跳绳——双人一绳"一带一"》基于课程标准的教学设计

内容来源:《义务教育体育与健康课程标准(2022年版)》。

教学主题:跳绳——双人一绳"一带一"。

课时:1课时。

授课对象:四年级。

设计者：袁琳（郑州市郑东新区聚源路小学）。

目标确定的依据：

1. 课程标准的相关要求。

《义务教育体育与健康课程标准(2022年版)》中提到专项运动技能有六大项，花样跳绳属于第六项新兴体育类运动，从水平二开始对花样跳绳的基础知识与基本技能、体能、技战术运用、展示或比赛、规则与裁判方法、观赏与评价均提出明确要求，其中开合、弓步、双人一绳"一带一"、多人跳长绳均在水平二教学内容中，针对以上内容提出的学业要求是作出基本动作、进行自主学练和自我展示、能够与同伴积极沟通、遇到困难时能努力克服等等。教学提示中要求运用灵活多变、简单易行的教学方式，激发学生学习兴趣和参与热情，落实"学、练、赛"的要求，逐步提高学生动作熟练程度和对花样跳绳运动的全面理解。

2. 教材分析。

花样跳绳在新课标新兴体育运动这一章节单独列出，进行教学内容提示，属于新兴体育类中的时尚运动类项目。除具备其他运动具有的育人价值和能力要求外，在激发学生的求知欲与探索欲、好奇心与探险精神等方面具有独特的价值。花样跳绳这一运动项目是随着社会发展与健康生活需求在近几年衍生出来的，具有普及性、实用性、娱乐性等特点，有助于培养学生参与体育运动的兴趣，提高学生的创新意识，增强学生对新鲜事物的接受能力与适应能力。

3. 学情分析。

依据新课标，四年级学生在跳绳这一项目上已有一定基础，基本的摇跳已掌握，适宜进一步学习花样跳绳；四年级学生本身对运动饱含热情，在学练中属于自主积极探索、求知欲旺盛的时期，在教学时教师一点拨一示范就能够立即行动去尝试，喜欢在学会后积极展示自我，享受被肯定的感觉。因此在选择内容时,教师应选择具有挑战性,能够引起学生内在驱动学练的教学内容。学生的合作性学习在课堂上尤为重要,双人一绳"一带一"的学习与合作练习能有效提升学生之间的默契度与融洽度。

学习目标:

1. 通过多种形式的练习学会双人一绳"一带一",85%的学生能够在A方式上合作完成5次以上;30%的学生能够掌握两种方式。

2. 提升身体的判断力、弹跳力、灵敏性与节奏性,提高控制身体能力。

3. 培养学生果断、机敏和与小组成员密切配合、团结协作、不怕困难的精神。

评价任务:

1. 说出两种方式的不同。

2. 双人合作完成任意一种方式5次以上跳跃。

3. 手臂支撑力量的提升。

教学器材: 短绳若干。

教学过程: 见表2-9。

表2-9 《跳绳——双人一绳"一带一"》教学过程

教学环节	教学活动	评价要点
环节一: 创设情境, 导入热身。 (8分钟)	比赛场景创设,引入双人一绳"一带一",充分热身,为接下来的运动打好基础。 准备活动: 1. 游戏"占桩":每人将跳绳折叠摆于地面,每竖队绕本组慢跑,听到口令后迅速就近选择一根跳绳站好。 2. 个人短绳练习"加油鸭":跟音乐完成绳操练习,注意动作与节奏性。	通过热身小游戏和绳操充分活动身体各关节。

续表2-9

教学环节	教学活动	评价要点
环节二： 循标自学， 区分不同。 (5分钟)	1. 复习双人一绳合作跳——原地前后跳、左右跳。 2. 师生合作展示双人一绳"一带一"。	1. 通过复习双人合作跳，达成两人合作意识及默契。 2. 认真观看示范，看清两种"一带一"的不同，并能区分两种"一带一"方式中的动与不动者。
环节三： 导学解难， 合作探究； 反复练习， 赛事评价。 (18分钟)	活动一： 1. 双人合作，反复练习，自主尝试练习A、B，与同伴完成任意一种方式5次以上跳跃，并积极参与比赛，获取成功。 (1) 自主尝试练习"一带一"A。 <u>持绳者动，跳跃者不动</u>：双人合作成功5次以上，并能相互带、练；集中展示纠错，强调动作方法。 (2) 自主尝试练习"一带一"B。 <u>持绳者不动，跳跃者动</u>：双人合作成功5次以上，学生能相互带、练；集中展示纠错，强调动作方法。 活动二： 情景赛事：1分钟计数双人一绳"一带一"比赛。 1分钟之内，双人合作取得最佳成绩，则获取比赛的成功。	1. 说出两种"一带一"方式中的动与不动者。 2. 与同伴合作完成任意一种"一带一"的跳跃，5次以上的连续跳跃。 3. 积极用所学的方法参与赛事，获取成功，并对所学动作进行自我评价，明确运动能力及课后练习方向。
环节四： 多元互动， 体能提升。 (5分钟)	回想螃蟹走的方式，小组竞赛，运用螃蟹走的方式提升手臂支撑能力。	运用螃蟹走的方式进行补偿性体能的提升。

续表2-9

教学环节	教学活动	评价要点
环节五：调整放松，运用提升。(4分钟)	1. 进行放松操，愉悦身心。 2. 布置作业，课外延伸双人合作跳的方法。	课下反复练习双人一绳跳跃方法，通过欣赏跳绳视频学习不同双人合作跳。

(六)"源"课堂音乐学科课堂教学模式

1. 背景介绍

艺术教育是美育的重要组成部分，小学音乐作为艺术教育的重要学科，在学生综合素质发展、审美能力提升中扮演着重要的角色。随着义务教育改革的不断推进，如何通过多元化教学策略优化小学音乐课堂教育质量，真正让学生通过学习音乐获得审美能力和综合素质上的提升，是当前小学音乐教师应该重点关注的方向。高效的音乐课堂教学是在有限的课堂时间里，让学生掌握更多的音乐知识，并将所学知识应用到学习生活中的方方面面，如此才能切实提高学生的综合素质。

2. 流程解析

(1)创设情境，学法指导

音乐课是深受小学阶段学生喜爱的艺术课程之一，因为这个年龄段的孩子想象力丰富、活泼好动，所以在音乐课堂教学中创设情境是符合他们年龄特点和思维方式的。能够有效调动学生的学习积极性，培养学生的学习兴趣，帮助学生更好地感受音乐、理解音乐、表现音乐。

音乐课程改革中提出了"学科综合"的教学理念，音乐教学的综合包括音乐不同教学领域之间的综合（音乐与舞蹈、戏剧、美术等姊妹艺术的综合），音乐与艺术之外的其他学科的综合。而情境教学是由各个教学内容结合而成的整体，是进行学科综合的最好手段之一。采用学科综合的理念来进行情境教学的方法主要有以下几种。

一是故事引发情境。小学生一般都喜欢听故事,教师根据教学内容,采用讲故事的形式,把课堂的每个教学环节融入故事情境中,使教学产生吸引力,从而充分调动学生的学习兴趣,让学生在听故事的情境中,不知不觉地学习、感受和体验音乐。

二是律动感受情境。体态律动是达尔克罗兹教学法中最著名、影响最大的组成部分,它集中体现了达尔克罗兹的音乐教育思想。体态律动的中心体现是节奏训练。根据情境教学的基本原理和达尔克罗兹的体态律动学,律动情境就是要使学生一开始接触音乐就习惯于同时从身心两方面去感受音乐,即不仅心理对音乐有所感受,而且生理上整个肌体也能感受音乐的节奏、情绪的起伏等,从而提高学生在充满生命韵律的动作中感受音乐和表现音乐的能力。

三是美术展现情境。美术与音乐是艺术课程中密不可分的两门课程,虽然表现形式不同,但能互融、互补。

四是生活展示情境。音乐源于生活,教师通过生活中的实际事例来进行实践活动,并把学生带入其情境中,进行音乐体验。这样不仅能体现学生的主体地位,还能激励学生主动参与,培养他们的协作精神。

(2)循标自学,找出疑难

新课标的出台,对小学音乐课堂教学提出了新的要求。

一是教学内容应丰富多样。新课标要求小学教育不能仅限于提升学生的文化水平,还需要注重培养学生的综合能力,所以,音乐教学的内容应该多元化,不能局限于书本上的理论知识,还要重视课堂教学的延展性,以此丰富学生的精神世界,帮助学生构建全新的音乐知识体系,使学生对音乐的理解不再仅仅停留于表面旋律上,而是能够深入理解音乐背后的故事,注重文化性、人文性。

二是改变教学方式。充分尊重学生的主体地位,让学生积极参与到课堂教学中。教师则要扮演好引导者的角色,培养学生的音乐审美和综合能力,在教学中落实新课标的要求,培养学生的主人翁意识,从而提升学生的创新思维,为学生今后的学习奠定基础。

三是充分利用信息技术。随着信息技术的发展,多媒体等信息技术被广泛应用于课堂教学中,其能够将复杂的、难以理解的音乐知识变得简单化、具体化、可视化,从而帮助学生更好更快地理解音乐知识。不仅教师要在教学中充分利用信息技术,而且学生在课前和课后也可以通过网络自主学习音乐知识,这有利于音乐教学持续发展,提高教学质量。

(3)导学解难,合作探究

项目化学习作为当今全球教育领域的一个热点话题,已成为落实学生核心素养的重要方式之一。在尊重学生年龄特点和学习规律的前提下,以音乐感受与欣赏为背景,促进艺术与生活的融合、主题与情景的融合,引导学生通过合作、体验、探究、讨论、交流、评价等方式理解音乐、表现音乐,在丰富的音乐活动中不断提升音乐感知能力与审美能力,从而真正做到素养落地。

(4)多元互动,交流展示

在《义务教育艺术课程标准(2022年版)》中,明确要求从一年级开始在音乐课堂中加入"情境表演",三年级开始加入"歌舞剧表演",六年级开始要求学生参与歌舞剧的编创与表演,理解音乐与舞蹈、戏剧、影视等艺术的关系,感受音乐在其中的表现作用。多元的互动展示能有效地调动学生的主观能动性,从而引导学生理解音乐、表现音乐。小学的音乐课堂不只是让学生学会如何唱歌,更重要的是培养他们的表演意识、创编思维和艺术素养,有效地激发学生的情感体验。

(5)达标检测,拓展延伸

"双减"政策的实施,促使我们优化了教学大纲,专门整合了适宜小学生认知水平的音乐理论知识点。通过音乐课堂活动,来帮助学生认识、理解音乐理论,掌握音乐知识。对于音乐作品,从其创作背景、音乐结构、情感表达、作曲家的创作手法等方面,提炼出相应的音乐要素,结合音乐活动促进学生理解和掌握音乐知识,并能够活学活用,在创编活动中对所学进行运用检测,在课堂总结中进行知识的迁移运用。

3. 教学设计案例

《一只鸟仔》基于课程标准的教学设计

内容来源:人民音乐出版社2013年版《义务教育教科书 音乐(五线谱) 三年级·下册》。

主题:《一只鸟仔》。

课时:1课时。

授课对象:三年级学生。

设计者:陈金子(郑州市郑东新区聚源路小学)。

目标确定的依据:

1. 课程标准相关要求。

(1)听赏与评述。

内容要求:听赏具有鲜明形象和主题思想、情感比较丰富的歌曲、小型器乐曲、简单歌舞音乐、戏曲音乐等。

学业要求:①能听辨音乐力度、速度的变化,感知、辨别常见旋律的进行方式,认识不同的节奏型,并用动作、图示等作出恰当的反应;能用语言简单描述这些要素的特点。

②感知体验我国有代表性的地区和民族音乐的风格,能作出恰当

的判断或反应。具有一定的中国民歌、民族器乐曲和戏曲的听觉经验，能模唱短小的民歌或戏曲片段，初步了解部分戏曲的行当和表现形式，知道相关常识，了解其他基本的中国传统音乐知识。

（2）独唱与合作演唱。

内容要求：学唱富有中华优秀传统文化特色的民歌、戏曲唱段，在独唱与合作演唱中，学习歌唱的基本方法。结合演唱认识音名、唱名、音符和常见音乐记号，识读简单乐谱。

学业要求：①乐于参与各种演唱活动，能用正确的姿势和方法、自然的声音，自信、有感情地独唱或与同伴进行齐唱。

②认识常用的拍号、表情记号和力度速度记号，知道它们的名称和用途。演唱时能根据音乐术语或记号，适切地表达歌曲情感，并对指挥动作作出恰当反应。

③能正确识读或拍击简单节奏，跟随音乐模唱或用唱名视唱简单旋律。

（3）编创与展示。

内容要求：根据音乐的情绪、特点编创律动或舞蹈动作。结合生活情境，编创、表演简单的音乐故事、音乐游戏、短小音乐剧等。

学业要求：①能即兴编创与音乐情绪和特点相符的声势、律动或舞蹈动作，并参与表演。

②能运用多种声音材料和乐器，自编简单节奏或旋律，为朗诵、歌曲、舞蹈等进行即兴伴奏。

③能根据特定主题和表现需要，选择合适的声音材料和表现形式，与同伴合作编创并表演音乐故事、音乐游戏、小型音乐剧和情景剧等。

④能对自己或他人的编创与表演进行简单评价。

2. 教材分析。

《一只鸟仔》是流传在我国台湾地区的一首儿歌。在两段歌词中，分别描绘了一只失去鸟巢、找不到家的鸟仔和一只失去伙伴、找不到伴儿的水鸡在水沟、田地间鸣叫的情景。歌曲为五声徵调式，2/4拍，音域在九度内。全曲由四个乐句构成，每句四小节。第三乐句是第一乐句的下行大二度移位，第四乐句是第二乐句的变化重复，曲式属于典型的"起承转合"，结构完美统一。下滑音、衬词等的使用，使得歌曲具有浓郁的地方色彩。

3. 学情分析。

三年级的学生刚刚步入小学第二学段的学习，对民歌风格的歌曲已有所接触，能在歌曲中找到衬词。但是本课出现大量衬词及闽南语，因此设置大情境帮学生理解歌曲情节，本课中"下滑音""休止符"等音乐记号也需要细致的学唱探索才能准确演唱。另外，三年级的学生已经注重师生评价以及学生间的相互评价，可运用积极有效多样的评价激励学生共同体验、感受和表达。

学习目标：

1. 在聆听、模唱、创编律动等音乐活动中，体验歌曲幽默诙谐的情绪，能用自然的声音和饱满的情绪准确演唱歌曲《一只鸟仔》。

2. 通过教师的引导，学生能够运用本课学习的素材根据音乐发展，初步建立音乐与生活场景的联系，进行组合创编并参与集体展示。初步了解童谣民歌。

评价任务：

1. 全体学生演唱歌曲《一只鸟仔》。

2. 全班同学分角色为歌曲设计综合性表演，并乐于参与表演。

教具准备： 课题、知识点贴图等。

教学过程：见表2-10。

表2-10 《一只鸟仔》教学过程

教学环节	教学活动	评价要点	设计意图
环节一：节奏律动，导入课题。	1. 播放台湾民歌《杵歌》，带领学生手摇腕铃上台并随乐律动表现歌曲《一只鸟仔》中第四个乐句节奏。 2. 出示歌曲完整节奏，引导学生找出律动节奏。 3. 带领学生拍打第四条节奏。提问：谁来说一说上面三条节奏和第四条有什么不同？ 4. 介绍四分休止符和八分休止符，引导学生识读四条节奏。 5. 导入课题台湾民歌《一只鸟仔》。	1. 学生手摇腕铃上台并随乐律动节奏。 2. 能找出律动节奏。 3. 学生能跟随教师拍击节奏并正确找出休止符。 4. 学生学习四分休止符和八分休止符并识读节奏。 5. 回顾相关知识与文化。	1. 通过律动活动开始本节课，在律动活动中将节奏问题前置，提前解决部分教唱重难点，为后续的教唱环节做铺垫。 2. 通过《杵歌》将学生带领到宝岛台湾，植入音乐背景。 3. 通过小鸟仔讲故事、串联情境导入课题，提高学生的学习兴趣。

续表2-10

教学环节	教学活动	评价要点	设计意图
环节二：聆听感知，旋律初唱。	1.聆听歌曲,释义歌词内容并有节奏地朗读歌词。提问:歌词中你都听到了什么？小鸟仔为什么找不到巢了呢？（共聆听2次） 2.介绍衬词"伊都"并引导学生聆听音乐找出乐曲中其他衬词位置,初步感受小鸟仔音乐形象。 3.聆听歌曲,画旋律线,进一步感受小鸟仔音乐形象并轻声模唱旋律。 4.对比乐句关系,加入歌词跟琴慢速演唱。 5.分析小鸟仔故事情节,调整情绪原速演唱第一段。 6.纠正演唱,加入下滑音手势唱准旋律。 7.加入动作,完整表演。	1.学生能根据教师的动作了解歌词内容,加入动作,有节奏地朗读歌词。 2.聆听音乐,学生能找出衬词"噢",并聆听歌曲,感受小鸟仔活泼灵动的音乐形象。 3.能随乐画旋律线,感受旋律起伏,说出小鸟俏皮、轻巧的音乐形象并轻声模唱。 4.说出第2、4乐句旋律相同,1、3乐句旋律相似,加入歌词跟琴慢唱。 5.学生模仿小鸟仔神态原速演唱。 6.加入下滑音,准确演唱。 7.动作表演,准确歌唱。	1.通过导入的认知,学生已经对歌曲的节奏有了进一步的掌握。 2.通过衬词初步感受小鸟仔形象,画旋律线,进一步感受小鸟仔形象,最终通过小鸟仔形象纠正演唱。 3.通过鸟仔形象将节奏、旋律、情绪串联,在学唱中不断纠正演唱,呈现出学唱由浅入深、层层递进的效果,凸显了层次的递进和知识的迁移。

续表 2-10

教学环节	教学活动	评价要点	设计意图
环节三：情境主导，探究演唱。	1. 播放第二段音乐，感知情境，引导学生有节奏地朗读歌词找答案。 2. 随乐跟唱，学生为歌曲创编伴奏。 3. 师生轮唱。 4. 完整演唱歌曲。	1. 聆听音乐，有节奏地朗读歌词，说出小水鸡找同伴。 2. 学生上台进行伴奏展示，其他同学跟音乐加歌词演唱。 3. 学生和教师轮唱。 4. 学生能够准确完整地演唱歌曲。	有了第一段的演唱经验，第二段通过学生自主探究、带节奏读歌词、跟唱等活动，充分发挥学生的主观能动性，通过小乐器为歌曲伴奏来提高学生的创造能力，并通过师生轮唱，巩固乐曲旋律，最终完整表演。在活动中提高学生的音乐感知能力、音乐创造力和艺术表现力。

续表2-10

教学环节	教学活动	评价要点	设计意图
环节四：再创情境，艺术演唱。	分组讨论为歌曲情境编创，分角色参与综合性表演。	学生小组讨论，创编情境，综合表演。	通过不断地情境指引、歌曲学唱塑造生动的音乐形象，学生主导进行编创，在提高学生音乐创造力的同时，又提高学生对已有知识的运用，做到知识的迁移。
环节五：课堂评价与小结。	《一只鸟仔》是一首台湾童谣民歌，既有童谣的特点，又具有鲜明的民歌特色。童年的生活是美妙的，所以在下学期音乐课的学习中我们也会继续在"快乐的校园"中保持纯真快乐的"童心"。同时，也希望每一只找不到家的小鸟仔都能早日回到妈妈的怀抱！这节课就上到这里，下课！	学生能通过学习《一只鸟仔》感受和总结台湾童谣的特点，并说出这首民歌体现出的情感与价值观。	回顾总结歌曲属性，立足大单元教学，创设情境串联课堂，通过学唱增强学生民族自信和民族自豪感，落实艺术核心素养的要求。

（七）"源"课堂美术学科课堂教学模式

1. 背景介绍

叶圣陶先生曾说："上课，在学生是报告和讨论，不是一味的听讲；在老师是指导和纠正,不是一味的讲解。"因此要让学生真正成为学习的主人,教师在课堂教学中就应该给学生提供充分的活动空间,尽量把时间还给学生。在教学中,教师要创造性地理解和使用教材,积极开发课程资源,灵活运用教学策略,引导学生展现自我,超越自我。

依据《义务教育艺术课程标准(2022年版)》,结合学生特点、学校特色,建构以学为中心的课堂教学模式,是提升美术核心素养、实现学生全面发展的关键。教师可以先将一节课中的重要知识点进行讲解,剩余的时间让学生自主探究并解决质疑,也可以让学生合作学习,突破难点。学生可以在合作中各抒己见,相互启发,使思维的广度和深度不断地加宽加深。当然,教师也可参与其中,展开师生、生生之间的不同角度、层次和体验的碰撞。力求每个学生都能够展现自我,从中得到锻炼和提高。

2.流程解析

以学生为中心的课堂教学模式,是一种基于建构主义教学理论的模式。学生掌握学习的主动权,而教师只是辅助学生成为最好的自己,增强学生的学习主动性。以学生为中心的课堂教学模式是一种致力于引起学生学习兴趣的有效的课堂模式和教学方法。可以大致分为五步,这五步分别是吸引、探究、解释、迁移和评价。也可以将系统化的教学设计分为分析、设计、开发、实施和评价等五个步骤,以保证高效地进行课程设计与实施,增强学生的学习主动性,提升考评准确度,关注学生的学习需求。如何使学生在课堂上最大限度地掌握知识是其关注的重点,因此,教学互动和反馈是其突出的特点。其关键创新在于把讲授和讨论时间错开,让学生在课后有一周时间自主安排学习,进行个性化的内化吸收。在这种课堂教学模式中,十分注重教师的教学行为与学生的学习行为协调一致。在这两者的行为中,学生是学习的主体和活动的中心,教师扮演指导者和帮助者的角色。教师所做的一切,都是为了促进学生更好地探究并获取科学的概念。

(1)学习目标的确定

学习目标以核心知识为载体,指向学生对学科思想和方法的理解,指向迁移应用所学知识和方法解决新问题的能力。如何确定学习目标呢?依据课程标准分解、教科书或教参内容、核心知识承载的核心素养、结合多年教学经验,初步列出学习目标。再确定课堂主题或大概念,在此基础上分析学情,综合考虑学生发展空间,多方论证,最后总结出学习目标。

(2)真实情境的创设

在真实情景中,促进美术课堂进行深度学习。高效的美术课堂以学生为中心,以发展学生美术学科核心素养为出发点,教师以引领者、合作者的角色走进课堂,为学生创设真实情境,让学生感受真实生活,探究生活与艺术的联系,并表现生活,师生在生活与美术表现间进行探究与交流互动,从而更好地启发学生的创造性思维。立足课程,以生为本,离不开教师的有效引导,离不开师生的互助合作,课堂教学从生活中来,又向课外生活拓展延伸,互助合作学习促进学生的发展,让课堂更高效。

(3)评价任务的设计

评价是多样性的、丰富的。善于评价的老师,一定是善于引领学生的。陶行知先生说过:"好的先生不是教书,不是教学生,乃是教学生学。"评价任务的设计有以下几点:第一,学习的核心目标是什么?第二,如何达成学习目标?(提出了哪些学习任务?组织了哪些学习活动?)第三,为了高质量达标,如何收集证据和评价反馈?采用多样化的评价方式贯穿于课堂学习之中,展示出学生的学习情况,能够真实地反映学生的学习过程。

"以学生为中心"的课堂构建表明了教与学这两种关系的变化,使学生在课堂上的角色相对于传统的教学模式教学中的角色有一定的变化,即学生由被动转化为主动地汲取课堂中的知识。同时,在学习过程中也相应地提高了学生的学习兴趣。美术课程学习的效果在很大程度上取决于学生的主观能动性和参与性。"以学生为中心"的教学模式恰好可以体现出学生成为学习的主体后,学习主动性大幅度增强,创新能力也能得到充分发挥。教师要善于在不同的活动中及时调整角色,尊重学生的意见和个性,了解学生的需要,充分发挥学生的积极性和创造力,从而提高教学质量。让我们的美术课堂教学从有效教学走向高效卓越教学。

3. 教学设计案例

《巧用肌理》(拓印添画)基于课程标准的教学设计

内容来源: 湖南美术出版社2013年版《义务教育教科书 美术六年级下册》。

教学主题:《巧用肌理》(拓印添画)。

课时: 第二课时。

授课对象: 六年级学生。

设计者: 席季姿(郑州市郑东新区聚源路小学)。

目标确定的依据:

1. 课程标准的相关要求。

《义务教育艺术课程标准(2022年版)》对义务教育阶段艺术课程理念作出如下阐述:坚持以美育人;重视艺术体验;突出课程综合。根据课标要求,六年级学生需要达到的美术核心素养如下:审美感知、艺术表演、创意实践、文化理解等核心素养,围绕四类艺术实践活动。本课以造型表现为主,其目标为运用形、色、肌理和空间等美术语言,以描绘和立体造型的方法,选择适合于自己的工具、材料,记录与表现所见所闻、所感所想的事物,发展美术构思与创作的能力,传递自己的思想和情感。

2. 学情分析。

本课学习主体为小学六年级学生,这个年龄段学生已经具备一定的审美能力和想象创作能力,对美有着独特的感受和表达趋向。对于色彩知识也有一定的认识,《巧用肌理》一课的设计,有利于将这一年龄段孩子的思维导入现实生活之中,与身边的事物紧密地联系,让学习者感受到美就在我们身边、美就在我们的生活当中、美需要我们用心去观察和表现。

3. 教材分析。

《巧用肌理》是第十一册第十课。根据课程标准"选型·表现"学习领域内容标准的要求和建议,本课旨在帮助学生认识肌理在造型表现中的作用。通过学习活动,组织学生尝试利用简便的工具和材料拓印肌理,制作拓印画,运用肌理丰富绘画表现,帮助学生发现了解不同质地的物体表面呈现出的不同肌理以及规则和变化,丰富视角和触觉的感受,并产生有趣的想象。

学习目标:

1. 复习掌握肌理的基本特征,认识拓印,利用拓印的方法采集肌理图案,发展造型表现能力,分享拓印的乐趣。

2. 通过教师示范,试一试揉纸拓印和实物拓印的方法,找出生活中能够拓印肌理的材料,感受拓印的趣味性。发挥想象,创造性地添画一幅画,认识生活与艺术表现的密切关系,激发热爱生活的情感。

评价任务:

1. 用拓印的方法采集肌理图案。

2. 利用所学拓印方法,独立创作一幅拓印添画作品,并完整介绍作品,说出自己的感受和认识。

教学过程: 见表2-11。

表2-11 《巧用肌理》教学过程

教学环节	教学活动	评价要点
环节一：激趣导入，讲授新课。	活动一：欣赏画像石拓片，揭题——拓印。	学生认真倾听，积极与教师互动。
环节二：方法探究，学法指导。	活动一：复习肌理的定义与分类。 活动二：找一找，身边都有哪些肌理是能摸得到的。有什么方法可以将这些美丽的肌理描绘到我们的画纸上去。 活动三：拓印的定义。 活动四：欣赏画像石拓片，讲述拓印的起源和发展。	1. 正确回答相关问题。 2. 认真观看视频，尝试总结可以在画纸上运用的肌理描绘方法。 3. 展示拓印小训练照片。
环节三：方法指导，循序尝试找出疑难。	活动一：教师示范揉纸拓印法。小结注意事项，学生试一试。 活动二：教师示范实物拓印法。小结注意事项，学生试一试。 活动三：教师将拓印好的肌理巧妙地添画成漂亮的画，总结拓印添画制作步骤。 活动四：欣赏其他同学的作品。	学生通过教师的示范，了解揉纸拓印和实物拓印两种方法之间的差别，积极发挥想象力，鉴赏优秀作品中拓印肌理基础上的创新绘画，并积极对问题和见解进行总结、汇报与补充。
环节四：创作表现。	活动一：运用不同工具、材料和方法拓印肌理，并发挥想象进行添画。	能够独立完成创作作品，并分享作品。
环节五：交流展示，互动评价。	活动一：进行自我评价，也可以请身边的人评价。	学生能向大家完整介绍作品，说出自己的感受和认识，并在下节课评价作品环节，积极、准确评价他人作品。
环节六：走进生活，进行迁移课后拓展。	活动一：观看街头创意拓印小视频，感受生活的奥秘存在于艺术之中。 活动二：布置下节课所需绘画工具的相关准备任务。	学生能结合街头的创意元素和拓印的方法，完成创作及视频录制。

(八)"源"课堂道德与法治学科课堂教学模式

1. 背景介绍

小学阶段是学生学习的初始阶段,这是良好人格形成和道德素质发展的重要时期。小学道德与法治课程核心素养内容具有一定的丰富性,包含道德素养、法治观念以及健康生活等等,在提升学生综合素质、完善学生人格的过程中发挥着重要的作用。

《义务教育道德与法治课程标准(2022年版)》明确指出:本课程视儿童的生活为宝贵的课程资源。课程学习本身是儿童生活的组成部分,是儿童在教师的指导下真实的体验生活、创造生活的过程。该课堂以儿童的现实生活为课程内容的主要源泉,以用正确的价值观引导儿童在生活中发展、在发展中生活为课程的基本追求。因此,教师在教育理念上要从学生的兴趣出发,结合教材内容在课堂上为学生创设主题情境,引导学生深化探究,获得更多知识与情感的积累,培养他们从小树立讲文明、知荣辱、爱祖国、爱人民、遵纪守法的意识,形成正确的世界观、人生观、价值观。

2. 流程解析

小学《道德与法治》教材本身有丰富的教学内容,包含图、文信息,主要以生活化内容为主,给学生带来直接的生活体验。小学生的自学能力和思考能力较强,而道德与法治培养意识较弱。充分利用教材内容和生活化的情景教学方式,有利于教师引导学生增强生活运用意识、自身培养意识。学生通过生活化学习,充分地利用教材内容,丰富自身道德与法治的认知。在课堂上,教师带动学生思考生活中的道德问题或法治问题,让课堂成为探讨如何解决问题的场所,帮助学生的思维拓展,为学生的法治观念形成和道德思想的正确树立打好基础。教师在实际教学中,需要总结生活中的知识要点,总结对教学内容的接收态度和学习状态,全面提升生活化教学的效果,帮助教学创新化。

(1)学习目标的确定

在确立学习目标前,教师首先要结合目标层级体系解读教材,依据具体文本思量教学策略,并基于已有经验初步在脑海中、心中形成模糊的意向性教学目标。接着,教师要结合学情,初步设计相应的学习任务,思考可能的教学流程,选择适合的教学策略,使目标逐步清晰,初步拟定课堂教学目标。最后,教师还要"反过来"用该教学目标考量、考评教学策略是否合理,文本、策略和目标三者是否相辅相成,并在多次论证中实现目标叙写的优化与进阶,将初步拟定的目标转化为教学过程中的"真实目标"。

因此,学习目标的确定,最终呈现的不仅是可见的文字表达,更要展现目标的形成过程,从而切实树立"教学评一体化"意识,整体把握教与学、教与评、学与评的一致性。在目标制定过程、目标表达方式呈现上观照教师教学与学生学习全过程,突出学习目标的叙写对课程实施的导览作用。

(2)真实情境的创设

道德与法治课程中包含了大量与现实生活接轨的内容,充分体现了当前教育工作者对于儿童成长的重视。他们也希望能够通过该课程教学,让学生真正达成知行合一。教师在实际的讲授过程中,可以将书本知识与学习生活相互联系,让学生从中感知知识和道德意识,从而帮助学生更好地对知识进行理解,有效提升学生的个人思想品德。

因而在教学过程中设置情境教学,更贴合本学科生活化的特点。适宜的教学情境不但可以提供生动、丰富的学习材料,还可以提供在实践中应用知识的机会,促进知识、技能与体验的连接,促进课内向课外的迁移,让学生在生动的应用和活动中理解所学的知识,了解问题的来龙去脉,进一步认识知识的本质。在日常教学中,道德与法治老师可以根据教学内容,通过讲述历史故事、播放电视纪录片和教学影视片等方式,让学生了解道德与法治理论背后的故事,让学生从情感上体会道德与法治的严肃性和重要性,并让学生从心灵上真正感悟到学习道德与法治的重大意义。实践证明,情景教育是一根系着理论与现实的纽带。尤其在素质教育的今天,通过创设一定的教学情景来培养学生学习的兴趣是教学成功的关键。在道德与法治教学中,我们要学会借景生情、以理激情,让学生置身于特定的情境中,以便达到预期的教学效果。

(3)评价任务的设计

教师既要立足于教材和大纲要求设计教学活动,帮助学生获得更多实践体验、积累真实的经验,又要让学生在切身参与某些任务活动时,获得最为真实和深刻的、基于个性化思维的独特感悟,让学生通过意识的内化来改变自己的外在行为,建立起正确的道德观与法治观。同时,在过程评价中,帮助学生初步梳理法治意识,养成规则意识和遵法守法的行为习惯,引导学生初步具备能够依法维护自身权益,参加相关社会生活的意识和能力,使他们通过观察、实验、比较、归纳、猜想、推理、反思等理性思维活动,领悟政治的本质,提高政治思维能力,积累政治活动经验,培养创新意识。

(4)拓展和迁移

对于道德与法治课程而言,教学资源远远不止教材和辅导书中提供的案例,各课程资源、时事热点、亲朋好友的分享等都能够作为材料来开展讨论,并且其具有更高的真实性,更贴近学生生活,因此更能取得良好的核心素养培养教学效果。所以,教师要学会拓展和整合,并将其转换成道德与法治课堂的教学资源,提出有价值的问题引发学生观察、感受、体验、分析和反思他们的生活,自觉进行改正和创造,并学会更好地适应生活。

3.教学设计案例

《应对自然灾害》基于课程标准的教学设计

内容来源:部编版义务教育教科书道德与法治六年级下册。

教学主题:爱护地球、共同责任。

课时:三课时(本设计是第二课时)。

授课对象:六年级学生。

设计者:吴骞(郑州市郑东新区聚源路小学)。

目标确定的依据:

1.课程标准的相关要求。

(1)政治认同方面:初步了解国情,具有维护国家利益的意识与行动;理解社会主义核心价值观的内涵,在日常生活和社会活动中积极践行。

(2)道德修养方面:自觉爱护公共设施,自觉遵守公共秩序。

(3)法治观念方面:了解公民的基本权利和义务,树立权利和义务相统一的观念;树立用法律保护个人生命财产安全的意识;知道违法要承担责任,形成守法意识;了解每个人都有维护国家利益和安全的责任。

(4)健全人格方面:树立生命至上的观念,敬畏生命,掌握基本的应对自然灾害和保护生命安全的技能。

(5)责任意识方面:热爱并尊重自然,自觉保护环境,初步了解可持续发展理念。

2.学情分析。

六年级下学期的学生已经具备了较为丰富的生活经验和科学知识。他们对于生活中常见的自然灾害及自然灾害给人类造成的伤害有所了解,通过本单元前面内容的学习,对于保护环境、保护地球有较为全面的认识。但是,对于我国自然灾害的特点缺少整体上的认识与把握,对于自然灾害发生的原因缺少系统的了解。

3.教材分析。

《我国自然灾害知多少》是部编版义务教育教科书道德与法治六年级下册第二单元第五课第一课时的内容。教材通过正文指明了我国是世界上遭受自然灾害最严重的国家之一;指明了自然灾害给资源、环境、经济、生命和社会发展带来的危害;指出了自然灾害的发生除了自然因素,还有人为因素。除正文外还安排了我国自然灾害分布图、灾害受损实例、人为因素导致自然灾害发生实例等内容。内容安排逻辑清晰,层层递进。旨在让学生了解我国自然灾害的总体分布情况,了解自然灾害的表现及其带来的危害,认识人为因素对自然的影响。

教学目标:

1. 通过观看视频、联系实际生活说出我国主要自然灾害的种类;通过观察、小组交流、代表发言,分析并得出我国自然灾害种类多、分布广等特点。

2. 通过资料分享、思想交流、观看视频等途径,能够说出自然灾害危害大,会带来严重的损失,了解自然灾害甚至会影响社会稳定和可持续发展。

3. 通过案例学习与分享,充分认识到人类的不当行为会诱发或加重自然灾害,能够选择合适的途径制止破坏环境的行为,懂得规范自己的日常行为。

评价任务:

1. 能够说出我国主要自然灾害的种类,分析并得出我国自然灾害种类多、分布广等特点。

2. 能够说出自然灾害危害大,会带来严重的损失,了解自然灾害甚至会影响社会稳定和可持续发展。

3. 充分认识到人类的不当行为会诱发或加重自然灾害,能够选择合适的途径制止破坏环境的行为,懂得规范自己的日常行为。

教学过程:见表2-12。

表2-12 《应对自然灾害》教学过程

教学环节	教学活动	评价要点
视频导入	1. 播放地震视频。 2. 你还知道哪些自然灾害?	能够说出我国主要自然灾害的种类。
环节一： 看图 知特点。	1. 自由看图，小组分享。 (1) 认真观察我国自然灾害分布图，思考三个问题。 (2) 小组内部分享收获。 (3) 小组代表全班分享。 2. 联系生活实际：近几年我国发生过哪些自然灾害？	大致分析并得出我国自然灾害种类多、分布广等特点。
环节二： 分享 知危害。	1. 分享资料，知危害。 云南旱灾、甘肃泥石流、寒潮冻雨灾害资料分享。 2. 观看视频，知危害。 《另一种重建》节选。 3. 学生谈感受，教师总结(资源破坏、经济损失、人员伤亡、间接损失、影响社会稳定和可持续发展)。	能够说出自然灾害危害大，会带来严重的损失，了解自然灾害甚至会影响社会稳定和可持续发展。
环节三： 实验 知原因。	1. 你知道自然灾害发生的原因吗？ 2. 案例分享：乱砍滥伐。 3. 水土流失实验。 4. 大规模进行砍伐会给当地生态带来哪些影响？	充分认识到人类的不当行为会诱发或加重自然灾害。
环节四： 明理 知做法。	1. 你如何看待乱砍滥伐引发自然灾害这一问题？如果生活中遇到乱砍滥伐的现象你会怎么做？ 2. 人类还有哪些不合理的行为可能诱发或加重自然灾害？ 3. 你觉得平时生活中，我们应该怎么做？ 4. 你知道哪些人类因保护环境从中受益的例子？	充分认识到人类的不当行为会诱发或加重自然灾害，能够选择合适的途径制止破坏环境的行为，懂得规范自己的日常行为。

续表2-12

教学环节	教学活动	评价要点
作业设计	请同学们与家人交流更多因人类在生产、生活中不合理的行为诱发或加重自然灾害的现象,写一份保护环境倡议书。	能够选择合适的途径制止破坏环境的行为,懂得规范自己的日常行为。

第四节 殚精竭虑,探源地方课程

聚源路小学心理健康教育工作,以完善学校心理健康教育的组织机构和工作机制为保障,以学校的工作计划、德育计划为导向,通过多种形式对学生进行心理健康教育和指导,努力创造条件辅助学生健康成长。

一、安排部署

学校加强组织管理,全面、稳步推进学校心理健康教育,校长负责学校心理健康工作整体规划,副校长负责心理健康教育工作的统筹指导,教务主任负责课务安排,德育主任负责心理健康教育工作落实,心理健康教师负责教育工作和资料整理,班主任负责学生心理健康教育活动。

二、具体举措

(一)以课堂为主渠道,渗透心理健康教育

聚源路小学设置心理健康课程并写入课表。专职心理健康教师会根据学生的发展阶段、各班具体情况以及心理健康教材内容设计相应的心理健康课,并按照每周一个年级的频率轮流在各班开展;兼职心理健康教师依据心理健康教材,在固定时间每两周给学生上一次心理健康课。另外,聚源路小学把心理健康教育融入美术、体育、音乐、道德与法治等各学科教学,实现多角度、多方位的心理健康教育,让学生树立自信,学会情绪调节,培养良好性格及社会适应能力。

(二)建立健全心理健康教育咨询机构

聚源路小学建立了专用的心理咨询室,每年投入一定的经费完善个体辅导室、团体活动室、心理测评区和宣泄教室。建立一支以 2 名专职心理健康教师为主导,49 名兼职心理教师为辅助的心理健康教育队伍。心理咨询室设置预约、值班、辅导记录,每周三下午 2:30—5:30 对学生开放,由 2 名专职心理教师负责,为学生提供全方位的心理健康咨询和辅导,及时建立心理档案并根据移交制度进行管理,通过长期随访、跟踪辅导,有效解决学生心理问题。

(三)利用问卷、访谈形式对全校学生进行心理调查

学校每年对学生做一次心理健康普查,除此之外,三到六年级学生每年参与郑州市心理健康测评。另外,广泛发动学生监测,各班心理委员观察班上同学的心理健康状况,并及时反馈给班主任。对筛选出的有心理问题倾向的学生,建立学生心理健康档案,心理健康教师与班主任协商,采取个别心理辅导的方式,对其追踪观察,及时做好危机干预,必要时予以转介,确保心理危机防控工作及时、有效。

(四)建立三级预警体系

学校建立了三级预警体系:

一级预警:各班班主任,全面负责学生心理健康教育工作与心理危机防护工作。

二级预警:各年级组教师,应接受心理健康及心理危机预防和快速反应的培训,及时发现学生的异常问题,并及时汇报情况和开展相关工作,负责

与学生家长建立联系。

三级预警：学校，成立心理危机预防和快速反应工作领导小组。

(五)加强学校心理健康教育科研活动

学校积极引领教师认真实践、积极探索心理健康教育工作，不断总结心理健康教育工作经验，提升心理健康教育工作的水平。要求教师从实际出发，以学生的需要和在成长过程中遇到的问题为主题，撰写心得体会与论文并进行教研，以提高聚源路小学心理健康教育工作的实效。

(六)开展心理健康月主题活动

每年五月是聚源路小学的心理健康月，围绕区里的心理健康月主题活动进行开展。结合学校实际，主要通过每周一国旗下演讲、主题班会、团体辅导活动、最美笑脸征集、心理健康教育讲座、校园心理剧展演、心理委员培训等形式开展活动，引导学生全面认识心理健康，树立积极的心态，健康快乐地成长。

(七)开展家校共育活动

通过开家长会、举办家长心理健康讲座、推送心理健康视频等形式，向家长宣传心理健康教育的重要性，帮助家长改变教育观念。

三、进展成效

聚源路小学通过多种形式的心理健康教育，帮助学生在学习生活中体会解决困难的快乐，调整学习心态，克服厌学心理，在班级活动中培养学生集体意识和健全开朗、合群、乐学、自立的健康人格，使更多学生健康快乐地成长。

四、经典案例

下面讲述两个经典案案例，展示聚源路小学的地方课程——心理健康教育。

护娇嫩花蕊 守万家灯火
——线上教学期间对于学生的心理守护

郑州市郑东新区聚源路小学教育集团 校本部

为引导学生居家学习期间做好个人心理健康防护，缓解新冠疫情防控带来的各种心理冲击和影响，营造暖心、舒心、放心的成长环境。郑州市郑东新区聚源路小学教育集团校本部积极行动，把为学生提供心理支持和疏导贯穿疫情联防联控工作的始终，突出"四个精准"，全力保障学生心理健康，关注特殊群体，守护学生心灵，助力学校疫情防控工作。

一是引导精准，戴好"心理口罩"。

学校重视疫情防控期间大量信息传播对学生产生的心理和观念冲击，借助学校微信公众号和班级群及时向全校师生、家长传递权威政策信息，避免师生和家长的无端猜测，提高其信息辨别和独立思考能力，降低焦虑情绪，营造良好舒心的生活、学习和工作环境。学校高度重视疫情防控期间学生心理健康问题，推出了7期心理健康教育微信公众号和4期家长课堂视频号（视频号在"学习强国"上同步推送），积极宣传心理健康知识，具化指导学生居家心理调适，及时消除心理压力、心理障碍，切实做好学生关心关爱和服务保障工作，加强教育引导和心理疏导，倡导学生在突如其来的考验面前保持理性平和、积极乐观的心态。学校线上教学期间对学生的心理守护典型经验以简报的形式在全市、全区进行宣传推广，发挥着辐射和带动作用。全校上下联动、同频共振，构建全方位、全覆盖、全天候的宣传矩阵，大力宣传疫情防控工作部署和防控知识，及时了解学生的心理需求，结合小学生心理特点，精准定制心理调适策略，推送心理调适系列文章以及心理调适小游戏，为广大学生戴上"心理口罩"，戴好"心理口罩"。

二是疏导精准，做好"心理教育"。

以课堂教学为主渠道，把思想政治教育、心理健康教育融入各学科教学中，探索线上"情感、态度、价值观"目标纬度在课堂主渠道中的实效性，进一步明确心理健康教育渗透作为线上评课的重要指标，引导教师挖掘学科心育内容，引导学生弘扬伟大抗疫精神，培养他们积极乐观、健康向上的心理品质，实现多角度、多层次、多方位的心理健康教育。根据低、中、高年级学生不同的心理特点和需求，设置每周一节心理健康课，有针对性地进行心理辅导，帮助学生调整身心，如开展"我跟烦恼说再见""绘制情绪小瓶子"等心理课，让学生调整心态、应对烦恼，告别不良情绪、培养积极情绪；网课期间学生的学习效率有所下降，注意力不够集中，开展"你好，注意力"的心理课，让学生提升注意力，提高学习效率。除此之外，学校以"用'心'战'疫'"主题班会为推进模式，积极引进专家资源，开设"我的情绪我呵护""读懂学生，促进发展"心理专题讲座，开展"微行动，进课堂"心理班会研究，引导同学们分享、讨论个人学习心得和心情小故事，传递积极力量；开展"一起来，这些心理小游戏真好玩""逆境携行，你我同心"等心理健康教育主题活动，以丰富的形式来营造居家良好家庭氛围，引导学生正确认识逆境与挫折，及时调整负面情绪，相互给予关爱支持，强化心理韧劲，鼓励学生发挥所长，为抗"疫"加油。各年级分包中层深入各年级与每位教师互动交流，送去温暖和关怀，守护教师的身心健康。启动学校心理健康教育疫情防控期间心理干预系统，专门开通了"在线心理辅导"服务值班工作热线，由学校专职心理教师负责为产生焦虑、压抑等问题的学生提供专业的线上帮扶，为特殊群体的心理健康保驾护航。

三是摸排精准，构筑"心理防线"。

学校充分发挥"四级"预警防控体系的信息联动，开放线上心理测试平台,加强学生心理健康状况动态监测。与班主任配合主动摸排各班疫情发生地区的学生、家属或自身感染新冠的学生、抗疫一线人员子女、医学隔离人员子女、家庭困难学生、毕业班学生等,做好重点关爱,及时了解这几类学生的心理健康情况,对其提供充足的情感、生活和学业支持,开展有效心理辅导,发现异常情况及时应对、及时上报。另外,特别关注在疫情前心理健康测评中发现的有心理问题倾向的学生,要求心理健康教师和班主任配合开展追踪评估,提供预防性心理辅导,协助其维持心理健康水平。按照"一人一策"建立学生台账,严格执行"日报告""零报告"制度,安排具有心理咨询师资质的教师、班主任等组成聚源路小学的心理应援小组,加强与特殊学生的沟通交流,进行有针对性的心理辅导帮助,缓解心理压力,做到动态第一时间掌握、信息第一时间上报、措施第一时间到位、问题第一时间解决。同时发动学生力量,组成"爱心帮扶小组",对于心理高风险学生以及抗疫一线人员子女、医学隔离人员子女等,创建家庭呵护、学校爱护、社区关注、同伴互助的四维模式,精准帮扶,优化帮扶效果。

四是帮扶精准,开好"心理处方"。

学校成立了以校长为组长的心理健康教育工作领导小组,通过家长会、微信公众号、视频号等多种方式向家长普及心理健康知识,强化家校联动协作共育,落实好家庭教育管理责任,有针对性地加强疫情防控、心理健康等方面知识教育,构建家、校、社三级联动模式,形成教育合力。开展以心理健康专职教师、班主任、兼职心理教师为主体的线上家访,教师们每天通过微信、视频电话等方式,及时了解学生居家学习、生活状况以及思想动态,指导家长在合理安排学生居家生活、学习的同时,引导学生通过适当运动、家务劳动、听音乐等方式进行自我放松。教务处将不同时期同学们普遍存在的典型问题和困惑制作成图文并茂的文章在学校微信公众号和班级微信群中推送,及时予以解答,疏导疫情引发的负面情绪。

面对疫情大考,从校领导到班主任,从心理教师到各科教师,为打赢这场疫情防控阻击战,筑牢疫情防控的心理防线,我们用挚爱和智慧守护学生,守护每一个家庭的平安。

一例小学生人际关系障碍分析报告

郑州市郑东新区聚源路小学　宋娜娜

一、一般资料

崔某,男,四年级,10岁,身高151厘米,体态偏胖,独生子。无重大疾病史,身体健康。与父母、姥爷生活在一起,父亲工作比较忙,对其管教不多,母亲和姥爷对其较为宠爱。二年级时以转校生身份来到了现在的班级。

二、人际交往现状

(一)亲子关系

父亲在对其管教的过程中会出现殴打行为,母亲对其的管教则是以苦口婆心的说教为主。姥爷则是对其"言听计从",具体表现为经常把饭菜端到他面前,对他的"撒泼打滚"式不合理要求也尽量满足。放学要求妈妈来接,如果是姥爷来的,他就不出校门。出现了威胁妈妈的言语行为,表现出了严重的以自我为中心。母亲对他的行为表现显得无计可施、一筹莫展。

(二)同伴关系

崔某个人习惯较差,不注意个人卫生,书包随意扔在地上,桌椅旁边制造了很多垃圾,给其他同学带来了很多不便。稍不如意就大喊大叫、拍桌子、摔书本,性格暴躁,不把同学的劝告放在眼里。当班级同学把他的不良行为反应报告给老师时,他则记恨别人并出现了攻击殴打同班同学的行为。班里的同学对其行为表现得较为反感和排斥,不愿意和他交往、做朋友。

(三)师生关系

不管是班主任上课还是其他科教师上课,发现他说话或做小动作,当对他进行善意的提醒或批评时,他会进行狡辩,说其他同学怎样怎样,不肯轻易承认自己的错误,总是看到别人的错误。出现了顶撞教师、扰乱课堂秩序的固执行为。教师对他的行为表现也是唉声叹气、着急上火。

三、原因分析

(一)家庭因素

美国心理学家戴安娜·鲍姆林德将教养方式分为四种类型,即权威型、专制型、放纵型和忽视型。从崔某的亲子关系和不良行为表现来看,家庭对他的教养方式是放纵较多兼有专制。这导致他以自我为中心、缺乏自制力和责任感且会出现反抗和攻击行为。

(二)学校因素

崔某作为一名转学生来到新班级,他对班级文化、班级同学情况及教师风格都是陌生的。同样,班级学生和教师对新转来的同学也是陌生的。他们相互之间很容易产生"首因效应"。崔某的不良表现也很容易让别人对他产生"刻板印象"。这些情况都不利于融洽同伴关系和师生关系的建立。

(三)个人因素

崔某对外界及他人的认知多从自我的角度出发,且情绪体验强烈,易发脾气、冲动。在人际交往中,不能客观地分析问题,不能主动地调整认识上的偏差,不知道如何控制自己的情绪。所以容易与他人产生人际交往冲突,出现人际交往障碍。

四、辅导方案制定

(一)辅导使用原理:认知疗法、合理情绪疗法

认知疗法是根据人的认知过程,影响其情绪和行为的理论假设,通过认知和行为技术来改变求助者的不良认知,从而矫正适应不良行为的心理治疗方法。

合理情绪疗法是通过理性分析和逻辑思辨的途径,改变来访者的非理性观念,以帮助个体解决情绪和行为的问题。ABC理论是合理情绪疗法的核心。A代表诱发事件,B代表个体对事件的看法信念,C代表事件后个体情绪反应下的行为结果。合理情绪疗法认为,A不是引起C的直接原因,而是由于B个体对事件评价解释造成的。

(二)咨询时间与收费

咨询时间:每周一次,每次30分钟(前期父母陪同,后期个人)。

咨询收费:校园免费。

五、咨询过程

(一)咨询关系建立与诊断评估阶段(第1次咨询)

时间:周三下午。

目的与过程:

(1)与学生及家长建立良好的咨询关系;通过平等、真诚的交流与求助者建立良好的咨询关系,获得信任。

(2)收集资料;询问基本情况,介绍心理咨询的性质、原则等有关事项;做SDS、SCL-90自评量表,了解来访者的心理状况。

(3)缓解学生的心理压力。在咨询中,咨询师主要运用倾听技术、情感反应、共情等技术对求助者表示理解,使来访者的情绪得到一定的合理宣泄。

(二)心理帮助和指导阶段(第2~3次咨询)

时间:周三下午。

目的与过程:

(1)进一步巩固咨询关系。

(2)分析ABC理论,帮助崔某改变其不合理的认知。针对来访者认为"别人针对他"的片面认知,运用"与不合理信念辩论""合理自我分析""树立合理的理念"技术,帮助崔某认识其不合理的认知并逐步树立合理的自我认知。同时在咨询过程中,积极和学生家长沟通,指导学生家长对孩子的要求保持一致,争取改变教养方式。

(3)布置两次作业:回忆自己近一个月来的情绪状况和想法,尤其是对人际交往问题的想法。自己的优点和能搞好人际关系的有利条件。

(三)结束与巩固阶段(第5~6次咨询)

目的与过程:

(1)通过认知疗法和合理情绪疗法,进一步巩固咨询效果,共同探讨怎样与人交往的问题。明确求助者的不合理观念。不合理的观念包括"我觉得我没有错""同学们可能觉得我不正常吧"。通过对理论的进一步解说和证明,使求助者在更深层次上领悟到他的情绪问题不是由于外界事物产生的,而是由所持有的不合理信念造成的,因此他应该对自己的问题负责。

(2)对咨询作业的反馈:发现了自己的优点,更加悦纳自己;讨论了怎样使同学更理解、了解自己,争取与更多的同学沟通,并商量了具体做法;讨论了上课该有的纪律要求及商量了奖励机制,学习行为有改善,还交了两个朋友。

六、咨询辅导效果评估

(一)来访者的自我评估

崔某在自我评价中写道:"我现在能做到保持书桌干净整洁,在课堂上不与同学、老师争吵。课后能自己完成作业,和妈妈的冲突也少了。明白了自己过去的一些处事方法不对,我与人交往的能力虽然不强,但是经过努力,我现在可以和部分同学保持良好关系。"

(二)教师、同学的评价

据教师、同学反映,崔某最近确实进步了,与同学冲突的次数明显减少,也会有意识地控制情绪。有时会积极回答问题。

(三)心理教师的评估

与崔某商定的咨询目标基本上完成,他的心理和行为发生了变化,学校适应能力有所提高,初期表现出的人际交往障碍缓解;中期表现为认知改变,行为调整;后期表现为能够较客观、全面地认识自己和周围的环境,重建了自信,提高了适应能力。

七、案例评价及辅导反思

需要改进和肯定的方面:从认知疗法角度对来访者的交流不够充分;与来访者的关系建立较好,使得治疗顺利、有效。同时,可以从朋辈治疗的角度与来访者同班同学进行交流。因为身边的朋友、同学对其的影响也特别关键,所以在今后的辅导中应对朋辈治疗这一方面加以重视。

第五节 孜孜不倦,思源校本课程

聚源路小学以培养德正才高、善学乐群、身心健康的时代学子为目标,以促进教师专业发展为动力,以促进学校色彩形成为根本,精心设计出了符合青少年身心发展的校本课程。

思源校本课程注重培养学生的实践创新能力、责任担当意识,以提高学生的艺术与审美、社会与交往能力为主旋律,分级设置了多姿多彩的课程。在扎实进行美术、音乐、道德与法治、劳动与社会实践活动课程的前提下,设置了例如多彩华服、思源农场劳动课程、研学课程、研究性学习等高质量课程,力求稳扎稳打、让"源"全面开花。

一、衔接课程:以爱为源,双向奔赴

(一)幼小衔接课程

幼小衔接是幼儿园和小学相互呼应的过程,做好幼小衔接,是实现基础教育高质量发展的关键之一。郑州市郑东新区聚源路小学教育集团作为幼小衔接试点学校,多次与宏图街幼儿园开展研讨,共同做好幼小衔接工作。

1.衔接有备,减缓衔接坡度

(1)做好入学准备教育工作

①学生准备工作。

一是心理预备。对于即将离开幼儿园进入小学的孩子来讲,小学是他们人生的一个转折点。面对转折,孩子要有一个心理预期,且教师及家长应引导孩子尽量控制自己的行为,上课不做小动作,坚持完成教师规定的任务。进一步培养孩子有初步的抽象逻辑思维能力和想象力,以及社会交往能力。

二是生活预备。进入小学后,儿童的生活条件和教育条件都发生了转变,孩子由事事依赖父母逐渐过渡到事事独立完成。幼儿园教师和家长要培养即将进入小学的孩子养成必要的生活自理能力,如良好文明的进餐、午休等生活习惯,动手整理好自己的物品,等等。

②教师准备工作。

一是加强衔接教学研究。幼儿园教师和小学教师成立幼小衔接合作小组,通过教学观摩、集体研讨等方式让幼儿园教师和小学教师互相了解对方的教学内容、工作方法。

二是注重幼小课程融通。加强幼儿园和小学课程之间相互衔接,调整一年级课程安排,合理安排内容梯度,减缓教学进度,保证儿童学习内容的连续性,让儿童在心理上形成熟悉感,减少不适应感,促使儿童较快地接受新的学习内容,从而避免因课程断层或重复让儿童产生焦虑和厌倦。

(2)开展好入学适应教育工作

①开展适应性教育。将一年级上学期设置为入学适应期,开展为期半年的适应性教育。多维度地降低衔接的坡度,坚持"零起点"教学,按照国家要求开齐、开足、开好各门课程,改变过度重视知识准备、超前学习、超标教学的状况,严禁盲目追赶教学进度,实现双向衔接、科学衔接、有效衔接,让幼儿逐渐适应小学的学习和生活环境。

②完善学校课程体系。在上级部门的指导下完善学校课程体系,丰富校本课程和综合实践活动内容,一年级在开设校本课程和开展综合实践活动时,要以《小学入学适应教育指导要点》为核心,并将其纳入教育教学工作计划,做好课时安排,保障教育效果。充分发挥教研部门的作用,做好幼小衔接课程研发,在一年级规范实施专门的幼小衔接适应性课程。

③改变评价方式。改变传统的评价方式,关注儿童身心发展的连续性和差异性,探索实施增值性评价。改变一年级教育教学方式和教学评价方式。创设与幼儿园相衔接的班级环境,适度调整作息安排,积极倾听儿童需要,培养有益于儿童终身发展的习惯和能力,帮助儿童逐步适应小学生活。

2. 衔接有度,加大衔接力度

(1)建立联合教研制度

①建立幼小联合教研体。与幼儿园成立幼小联合教研体,定期开展集体教研工作,把幼小衔接作为教研体的重要工作内容,纳入年度计划。指导小学和幼儿园教师加强课程、教学、管理等方面的合作交流与研究,推动幼小双向衔接。

②开展专项课题研究。突出问题导向,组织基于问题的专题研究,搭建交流平台,实现资源的互学、共享、互补。及时发现和解决教师在幼小衔接实践中的突出问题,总结推广好做法、好经验,不断提升教师专业水平,推进幼小衔接课程实施。

(2)建立幼小衔接协同机制

①强化主动衔接和双向衔接意识。衔接工作是幼儿园和小学共同的责任,幼儿园和小学应树立主动衔接意识,协同合作,完善共育机制。学区内结对的小学和幼儿园要主动联系和沟通,定期召开会议,共同探讨研究幼小衔接工作,在作息衔接、情感衔接、行为衔接、习惯衔接、意识衔接方面进行深入探索。

②建立幼小衔接共同体。和实验幼儿园建立学习共同体,通过线上线下等多种方式,深入学习、研究和落实《关于大力推进幼儿园与小学科学衔接的指导意见》和两个"指导要点",在衔接过程中把握住"儿童为本、双向衔接"等基本原则,做到全程、全面、双向、科学衔接。

(3)建立家园校共育机制

①提高对家庭教育重要性的认识。充分认识家庭教育在儿童成长中的重要性,将幼小衔接工作作为家庭教育的重要内容,发挥好家长委员会的引导带动作用。深刻分析区域内开展家庭教育的问题,结合突出问题,采取行之有效的方法。进一步统筹利用好社区、妇联等社会机构的教育职能,使其

参与到幼小科学衔接工作中。

②充分发挥家长作用。把家长作为重要的合作伙伴,本着尊重、平等的原则,建立家校共育机制,搭建家校沟通的平台,引导家长树立正确的儿童观、教育观和质量观,深刻理解幼小衔接的教育价值。引导幼儿家长落实家庭教育的主体责任,帮助家长提升开展教育的能力水平,改变家长的教育观念。

③开展家校共育活动。将幼小衔接工作纳入家庭教育指导和家庭教育实践活动中。完善家长学校建设,通过家庭教育讲座、家长开放日、开办家长课堂、召开家长会等方式,帮助家长认识提前学习小学课程内容的危害,缓解家长的压力和焦虑。开展入学参观、模拟课堂、亲子游戏等丰富的家校共育活动,让家长和幼儿在活动中充分了解小学生活和学习情境。指导家长在家中模拟小学的学习情境,营造良好的家庭教育氛围,使家长能够积极配合幼儿园和小学做好衔接。

3. 衔接有序,降低衔接高度

幼小衔接工作中长期养成教育是铺垫,大班和一年级是关键,两者结合至关重要。幼小衔接不仅仅是大班的工作,小学要从新生入校的那一刻开始,有机地、自然地融入小学阶段长期养成工作之中。围绕幼小衔接的内容,根据新生不同的认知水平和特点,有关情感、态度、意识、习惯和能力等方面的教育目标,开展教育活动。让学生逐一适应有关认识小学、体验小学生活、调整作息时间和知识准备等方面的内容。例如,在新生独立生活和自我管理能力的培养方面,从新生入学开始,坚持让他们自己的事情自己做。班级开展做"小主人"活动,让新生学会自己整理个人和班级物品,学做值日生工作。开展"天天背书包上学""整理我的小书桌"和"比比谁的书包最整洁"等活动,使新学生掌握爱护和正确使用学习用品的方法。新生逐步学习并养成了独立整理和保管自己物品的好习惯,生活自理能力也得到了提高。

把学校认知和遵守规则的意识融入新生的一日生活的各个环节,教师注重培养新生上下楼梯靠右行、走廊里不打闹、回答问题要举手、别人发言不打断等规范行为。

4. 衔接无涯,延伸衔接广度

一年级作为入学适应期,要通过学校适时、适度实施入学适应性教育和教学研究,不断改善一年级教学方式,促使儿童在知识层面获得经验的连续增长,从而减少儿童过渡的"坡度",强化儿童的探究性、体验式学习,使新入学儿童很快就能适应小学的学习和生活。

聚源路小学幼小衔接工作有以下些许特色亮点:

①幼小衔接共同体充分发挥了现代信息技术的优势,通过线上线下等多种方式,深入学习研究,把握住"儿童为本、双向衔接"等基本原则,指导教师加强课程、教学、管理等方面的合作交流与研究,做到全程、全面、双向、科学衔接。

②突出问题导向,组织基于问题的专题研究,搭建交流平台,实现资源的互学、共享、互补。及时发现和解决了教师在幼小衔接实践中的突出问题,总结推广好做法、好经验,不断提升教师专业水平,全面推进幼小衔接课程实施。

③形成"三心二意"法,引导学生凡事用心,做事细心,拥有恒心,乐意学习,学得得意。

千里之行始于足下,在幼小衔接方面,学校做了大量的探索与实践,取得了一定的成效。但是,幼小衔接仍然是幼儿园和小学需要持续研究和实践的重要工作。小学和幼儿园教育有着各自的特点,要做到有效衔接并非易事,但我们力求有所突破。我们相信,在各级领导的大力支持与指导下,在全校教师的辛勤努力下,能让孩子们做到无缝衔接、科学衔接,健康、快乐地完成小学的学习生活。

(二)小初衔接课程

在小初衔接阶段,我们致力于建立更紧密的家校合作,以确保聚源学子能够顺利过渡到初中阶段,并继续关注他们的全面发展。以下是我们的小初衔接课程的详细内容。

1. 家长会

每学期举行一次主题家长会,旨在分享学生的学习和生活状态,讨论教育方法,增强家校互信。这些家长会不仅提供了让家长了解孩子在学校表现的机会,还促进了学校和家庭之间的有效沟通。

2. 家长课堂

我们开设了线上互动平台,定期发布教育资源,邀请专家在线解答家长关心的问题,提供家庭教育支持。这个平台为家长提供了便捷的途径,方便获取教育方面的信息和建议。

家长课堂的内容涵盖了教育心理学、亲子沟通、学习方法等各个方面。家长可以在这里学习如何更好地理解和支持孩子的成长,还可以与其他家长分享经验。

3. 专家讲座

聚源路小学定期举行专家讲座,邀请不同领域的专家,围绕学生发展需要,分享成长经验和解决问题的策略。这些讲座旨在提供有关教育、家庭和孩子成长的有价值的信息。

专家讲座的主题包括亲子关系、青少年心理健康、学业规划等。家长们可以通过这些讲座获取实用的知识和技巧,帮助他们更好地应对孩子成长中的挑战。

4. 社团课程

聚源路小学设立了多元化社团,如"小小科学家""戏剧之星""手工达人"等,每个社团都明确了技能培养目标,并组织实践活动,定期展示成果。

以下是其中一个社团的示例:

社团名称:小小科学家。

这个社团旨在通过实验学习科学原理,培养学生的探索精神和实验技能。学生将有机会参与各种科学实验,从而更深入地理解科学知识。

社团成员将学习如何提出科学问题、设计实验、收集数据和分析结果。通过这些实验,将培养成员的观察力、逻辑思维能力和解决问题的能力。每次活动结束后,学生将展示他们的实验成果,这有助于提高他们的自信心和表达能力。

这些小初衔接课程不仅有助于学生顺利过渡到初中,还为他们提供了更多全面发展的机会。我们相信,通过家校合作和多元化的课程,我们能够共同培养出更有能力、更有信心、更有创造力的学生。

二、读源之"悦":为孩子打上生命的底色

"悦读"旨在为学生提供一个激发阅读兴趣、培养阅读习惯和文字表达能力的阅读环境。以下是"悦读"项目的详细内容。

(一)校园图书角

校园内建立了一个个温馨舒适的校园图书角,其中配备了丰富的图书资源,包括童话故事、科普读物、文学经典等各种类型的书籍。图书角还设置了舒适的座位和阅读角落,以便学生能够安静地阅读和思考。这些环境的营造有助于培养学生的阅读习惯,让他们享受阅读的乐趣。

(二)"一人一书"计划

在"悦读"项目中,我们实行了"一人一书"计划,鼓励每位学生每周至少

完成一本书的阅读,并设计读书推荐手抄报。这个计划不仅提高了学生的阅读量,还培养了他们的文字表达能力和阅读理解能力。

学生可以从校园图书角选择自己感兴趣的书,并在完成阅读后,写下对书的感想和评论。这不仅有助于学生更深入地理解书中的故事和主题,还锻炼了他们的写作技巧。

(三)阅读活动和比赛

为了进一步激发学生的阅读兴趣,我们定期举办各种阅读活动和比赛。这些活动包括阅读马拉松、书评比赛、角色扮演阅读等。通过参与这些活动,学生不仅能够展示他们的阅读成果,还可以与同学分享阅读的快乐。

阅读比赛也是"悦读"项目的一部分,学生不仅有机会展示他们的阅读技巧和理解能力,还能吸引更多的孩子投入阅读,通过竞争机制促进学习。

我们相信,通过"悦读"项目,学生将建立起终身受益的阅读习惯,为未来的学习和生活打下坚实的基础。

经典案例:

"西游"漫记

郑州市郑东新区聚源路小学班主任兼语文老师 孙田飞

自从班级共读《西游记》以来,孩子们读书的热情空前高涨。尤其中午就餐时间听西游故事,他们比以前更认真了。课间大家讨论的主题也围绕着取经团队展开,问我的各种有关西游的问题也是层出不穷。

这不,两个孩子课间来办公室找我了。

"孙老师,唐僧是金蝉子转世,十世修行。前九次都被沙僧吃掉,那么前九世都是以什么身份转世的?"王天佑不紧不慢地问。

还没等我接话,张山山接着说:"他们遇到了哪些困难?有没有被菩萨点化?"

好家伙,这同桌俩人像竹筒倒豆子一样,把问题扔给了我。

我迟疑了一下,缓缓地说:"这个问题确实很大,吴承恩老先生没有写。我看书的时候,也没有考虑过。这样吧,你可以以自己的视角把这个故事写一写。算是西游记前传吧!怎么样?"

这两个孩子用力点了点头,乐呵呵地走了。

课间操后,我发现两个人在头碰头商讨什么。看到我来了,王天佑抱着《现代汉语词典》向我走来。

"孙老师,这是我国历代纪元表,唐玄奘是在贞观三年去取经的,那么我选择的朝代往前推就可以吧?"

"当然可以,找你熟悉的朝代,参照唐僧的身世设计人物。"

两个小脑袋又凑到了一起。

上课铃响之后,我给大家讲了这样一个故事:"20世纪30年代,在牛津大学附近的一个小酒馆。经常有两个人在喝下午茶的时候彼此交流自己的看法,他们相约各写一部书。后来就有了《魔戒》和《纳尼亚传奇》。这两个人都是牛津大学的教授,分别是托尔金和刘易斯。"

说到这里,我故意停了一下。

"在我们班也有托尔金和刘易斯式的人物,他们准备写西游记前传。我很期待他们的作品。"

再看这两个孩子,坐得笔直,眼中有光。

延时课上,他们在日记本上奋笔疾书。今天没有布置日记呀?我凑近一看,一个从王莽篡汉开始,一个从秦朝开始。

"已经开工了?"

"我们俩先写,写完让好朋友看看,提提意见,我们再修改。"

我点了点头,给他们竖起了大拇指。

下课后，几个孩子跑过去要求看他们的初稿。真不错，这么快就有粉丝了。

放学的时候，王天佑和张山山拿着自己的初稿来办公室找我。两个人的作品各有千秋，一个从金蝉子转世开始，另一个从天庭宴席开始。

我首先肯定了两个人的切入点，同时提醒他们："故事是主人公成长的过程。他从开始接受召唤到启程，从历险到归来。虽然最后在流沙河难逃沙僧的魔掌，但一次次的磨炼累积才促成了十世金蝉。不管从情节还是构架上，一定要做到心中有数。做好规划，尽量在十个小故事之内完成构架。船小好调头，期待你们的精彩。"

两个人拿着日记本乐滋滋地走出办公室。

看着两个人欢快的背影，我的思绪回到了童年。我小时候最痴迷的一部电视剧就是《西游记》。那时候，一周好像只播一集。每周最期待的事情就是周六晚上看电视。那次，好不容易等到了开播的时间段。火焰山下，师徒四人大汗淋漓。突然停电了，我顿时陷入绝望。直到今天，那一幕还让我记忆犹新。小时候，能看的书非常少，我千方百计从周围找能看的书。不像现在，孩子们有海量的选择。所以我告诉他们，孙老师最幸福的事情就是看着你们安静阅读。

这次我们共读的《西游记》是无删减版本。我先读了一遍。读一个章节大概用时半个小时。在读的过程中，我发现文中生字特别多，五年级的孩子读起来不是很顺畅。于是我以页为单位，把任务分解。全班每个人按照序号，每个人一页。从当页中找出十个生字，注音和解释写在A4纸上。假如明天读第一章节，那么今天晚上会把这一章的生字和注释拍照发到班级群里。大家可以参照补充注音。刚开始我要求把注音和解释补充到书上。

春节前,我们读了前七章,大约解决了500个生字。加上中年级段掌握的2500字。这样3000个字基本能满足孩子们的阅读需要。

当然,如果用电子阅读器的话,上面有拼音和注释。如果是在电脑上看,查询更方便。还有的家长在听书App听原文朗读,晚上孩子睡前听着故事入眠。总之,各种大招学生都在用。

孩子们会把自己在读《西游记》时的疑问私信我。我把大家的问题汇总后,选择共性的问题录成视频,放在微信公众号"少年读写汇"上供大家查阅。目前已经有四十多个讲解的小视频,这也促使我在看书的时候格外用心。目前是第二遍读《西游记》,可是我仍有许多疑惑。仔细想想,虽然自我感觉看了很多书,但其实只能算是翻过。以后没有认真阅读三遍以上真不能说看过。

假期刚开始读书的时候,有的孩子私信说《西游记》原版太难读,太费劲了。是呀!珍贵的东西都是需要千辛万苦才能得到。《西游记》是七年级上册必读书目,现在阅读等于说提前涉猎。要想读通,需要付出更多的努力。

书主要是靠文字来表现的。书是把生活符号化了,书是表达人的思维能力的。也就是说,吴承恩老先生告诉你他的生活、他的世界。现在读,不仅仅是跨越年龄,更是跨越时空。对待这位老先生,我们要多一些耐心,多一些等待。越是难读,就越意味着这本书是一个宝藏。需要锲而不舍,需要紧盯不放,需要持之以恒。名著是经过时间沉淀的一座宝库。我告诉孩子们:孙老师和你们组团在西行"取经"的道路上并肩作战。不用怕,有什么困难,我们一起扛。希望我们历经挫折,最后能找到自己的斗战胜佛。

经过两周的不懈努力,王天佑和张山山的初稿完成。都是十个回目,一个是一万多字,一个是两万多字。目前,两个人已经开始修改。

这会是个很漫长的过程,就像取经一样,困难重重。相信孩子们一定能历经磨难,修成正果。让我们一起期待他们的文字。

三、思源农场种植:以劳树德,耕源育人

思源农场种植项目旨在通过学生亲身参与种植,培养他们的耐心、责任感和环保意识。以下是思源农场种植项目的详细内容。

(一)微型农场的创建

我们充分利用校园空地,创建了一个小规模的农场。这个农场不仅为学生提供了一个实践的机会,还提供了一个与自然亲近的环境,使他们能够更好地理解植物生长的过程。

农场的规模虽小,但种植了多种蔬菜和水果,包括番茄、胡萝卜、苹果等。学生可以亲自动手,种下种子或幼苗,然后观察并记录植物的生长过程。

(二)学习植物生长知识

在农场种植项目中,学生不仅亲手种植植物,还能学到有关植物生长的知识。教师定期组织课堂和实地教学,给学生讲解土壤、光照、水分和温度等对植物生长的影响。

学生将学会如何选择适合不同植物的土壤和环境条件,以及如何照顾和保护植物免受害虫和疾病的侵害。这些知识不仅在农场种植中有用,还有助于提高学生的环保意识和科学素养。

(三)培养耐心与责任感

种植蔬菜和水果需要时间和耐心。从播种到收获,学生将亲身经历植物生长的整个过程。在这个过程中,他们需要不断照顾植物,确保它们健康

成长。他们会明白,每一颗种子、每一株植物都需要关心和努力。耐心和责任感的提高不仅对农场种植有益,还将在他们的日常生活中起到积极作用。

(四)增强环保意识

在农场种植项目中,学生将亲自体验到土地的宝贵和环境的脆弱。他们将学会如何合理利用资源,减少浪费,并通过有机种植方法保护土壤和生态系统。

通过与自然的亲密接触,学生将更加珍惜和爱护环境。这有助于培养他们的环保意识,使他们成为更负责任的人。

(五)收获和分享

农场种植项目的最终目标是丰收。学生将收获他们种植的蔬菜和水果,并与同学和教师分享成果。这个过程不仅提供了一个实际的生产体验,还鼓励学生分享和互助。

通过分享自己的成果,学生体验到了劳动的喜悦和分享的快乐。这也有助于学生之间建立更加紧密的关系并培养团队合作精神。

农场种植项目为学生提供了一个独特的学习机会,这个项目不仅有助于学生的全面发展,还为他们的未来生活和社会参与打下了坚实的基础。

植此青绿,喜话丰收

郑州市郑东新区聚源路小学教务处副主任 兰婷

撒下一粒种子,种下美好梦想;

栽上一棵小苗,承载绿色希望;

用汗水去浇灌,用智慧来护养;

共同见证收获的喜悦与劳动的甘甜!

"思源农场"作为聚源路小学劳动课实践基地,以劳动促心智、以实践求真知,突出饮水思源的教育理念,感怀不忘"劳动创造生活"的初心,帮助学生实践性地解读"源"课程丰蕴文化,充分发挥劳动培根铸魂、启智增慧的作用,鼓励学生思源思进、热爱劳动、感恩生活。

春种一粒粟,秋收万颗子。经历了春播、夏长,伴随着施肥、除草、浇水,金秋十月,思源农场迎来了丰收季。在教师的带领下,学生们在思源农场里了解了丰收节的来历和农业发展历程。接下来,学生们迫不及待地卷起衣袖,拿起铁锹和篮筐,穿梭在种植园间,亲手采摘了辣椒、茄子等蔬菜,借助工具挖了红薯、花生,拔了萝卜,割了韭菜。他们都沉浸在秋收的喜悦里,一起探寻着植物生长的奥秘,感知着学习生活的丰富多彩。

这次的采摘活动可谓从"知识的课堂"走进"实践的课堂",从"书本的世界"走入"自然的世界"。同学们撸起袖子动手实践,你采我摘,忙得不亦乐乎。收获的喜悦定格在同学们的一张张笑脸上,同学们也在欢声笑语中明白了劳动的意义,感知了劳动的辛苦,体验了劳动的乐趣。

采摘后,同学们将收获的蔬菜仔细清洗、认真烹饪,享受着自己动手制作美食的过程,一个个由"快乐农夫"化身为"厨艺达人"。"红薯可以炒菜、熬汤,也可以蒸煮。""辣椒炒鸡蛋最美味。""尝尝我的醋泡花生。""我会做虎皮辣子烧茄子。"……他们在兴奋介绍的同时,一道道美味的菜肴也被端上了餐桌。

丰收是烟火气息里的风味醇香。从种植到收获,从兴趣到探索,从认知到行动,学生们体验了劳动的辛苦与收获的幸福,提升了自己的责任心、观察能力以及动手能力。

以劳树德,以劳增智,以劳强体,以劳育美。聚源路小学将不断打造更多的劳动体验课程,让耕读育人成为厚植家国情怀的主要抓手,让热爱劳动的美德驻守每个学生的心间,培养学生成为农科文化的传承者与践行者。

一次成长、一种体验、一分收获,学生们携带着美好的希望,期待在四季的轮回里,拥抱下一个开花结果之时。

承稼穑传统　播希望种子
——郑州市郑东新区聚源路小学教育集团聚源路校区三年级
开展"种植冬小麦"劳动实践活动

郑州市郑东新区聚源路小学教务处副主任　兰婷

"我行其野,芃芃其麦。"在这个喜悦的金色时节,冬小麦的种植也进入了关键时期,我们的"思源"劳动课程也展开了新篇章。2023年10月25日,在聚源路小学的思源农场里,三年级的孩子们再一次化身"小农夫",扛起小锄头,传承稼穑传统,播撒希望的种子,为明天的丰收辛勤地劳作!

认识小麦

小麦是世界上分布最广、最重要的粮食作物之一。小小的一粒麦种,承载着中华民族千年来用劳动创造物质文明的历史。我国种植小麦的历史可以追溯到上万年前的新石器时代。考古证据显示,小麦最初起源于西亚地区,然后在中国的黄河流域开始种植。我们河南省是我国主要的小麦种植区之一。

劳动前,教师给学生们介绍了小麦耕读文化的发展和种植冬小麦的过程与方法,同学们对接下来的种植充满了期待。

种植劳作

我们三年级的"小农夫们",正在阳光下辛勤耕耘,汗水滴落在沃土上,种下了希望的种子。

学生们拿着小锄头,先将土地整理平坦,除去杂草和石头,以便播种和生长,然后一边认真聆听教师的讲解,一边将冬小麦的种子按照规定的行距和深度,小心翼翼地将种子撒入土中,仿佛在呵护着一个个小生命。他们相互协助,一个扶着锄头,一个撒播着种子,配合默契。孩子们认真地种植着,不时地用手擦去额头的汗水,看着自己辛勤耕耘的土地,心中充满了欢乐与希望。

种植收获

"夜来南风起,小麦覆陇黄。"在辛勤劳作的时候,同学们仿佛已经感受到了来年小麦成熟丰收的喜悦。与此同时,同学们也深入了解到随后冬小麦除草、施肥、防治病虫害及收割的相关知识,可谓"纸上得来终觉浅,绝知此事要躬行"。

记录小组的同学们全程进行跟踪式观察,将种植小麦的全过程整理成详细的记录,以便完成"冬小麦成长观察日记",为冬小麦种植的项目式学习成果汇报积累过程性材料。

此次劳动活动,不仅提高了孩子们种植冬小麦的劳动技能、锻炼了孩子们吃苦耐劳的劳动品质,也让孩子们意识到:每个人都有自己的梦想和目标,它们就像种子一样,需要我们付出努力、汗水和智慧去播种、浇灌和呵护。相信思源农场的学生们会像麦种一样,立志成才,茁壮成长。

四、传承非物质文化遗产——烙画

"木云间烙画"项目旨在让学生学习传统的木烙画技艺,了解这一非物质文化遗产,亲自创作艺术作品,感受艺术的魅力。以下是我们的"木云间烙画"项目的详细内容。

(一)专业指导和技艺学习

学生将在专业教师的指导下学习烙画的基础技艺。他们将学会如何选择适合的木材、刀具和颜料,并掌握烙画的基本工具的使用技巧。教师将演示每个步骤,再由学生亲自刻画线条、处理阴影和运用色彩。这个过程将培养他们的耐心、细心和创造力。

(二)了解传统文化

在学习烙画技艺的同时,学生还将了解这一传统艺术形式的文化背景。教师将分享关于烙画的历史、意义和传承的知识,学生从而了解木烙画在文化中的地位,以及其所代表的价值观和情感。

通过深入了解传统文化,学生将更好地理解艺术作品的内涵和背后的故事,从而更好地表达自己的创作。

(三)亲手创作作品

在学习了基础技艺后,学生便能亲自创作烙画作品。他们可以选择自己感兴趣的主题和风格,并运用所学的技巧来创作。这个过程是学生表达自己想法和情感的机会,同时也是锻炼他们创造性思维的机会。

学生的作品将在工作坊中展示,并有机会参加学校和社区的艺术展览。这让更多人欣赏到他们的创作,同时也将增强他们的自信心和表达能力。

(四)感受艺术的魅力

通过参与"木云间烙画"项目,学生将深切感受到艺术的魅力。他们将亲身经历创作的过程,了解传统文化的珍贵,培养自己的艺术鉴赏力和审美情感。

这个项目不仅丰富了学生的艺术体验,还促进了文化传承和创新的结合。通过传承非物质文化遗产,学生们将有机会在创作中发现自己的独特之处,为文化传统的传承贡献自己的力量。

图2-5 学生的烙画作品

五、源起华服：巧手制作盛世霓裳

"源起华服"项目旨在通过举办服装文化周活动，展示不同文化和历史时期的服饰，以及通过学生的参与设计和创造，激发他们的创意思维和对服装设计的兴趣。以下是我们"源起华服"项目的详细内容。

（一）学生服装设计

学生将在专业指导下学习服装设计的基础知识，包括设计理念、面料选择、剪裁和缝纫技巧等。

学生将专心设计自己喜欢的服装，并在服装文化周展示他们的作品，激发了他们的创造思维，让他们将自己的想法和理念转化为现实。

（二）创造思维和审美意识

"源起华服"项目将培养学生的创造思维和审美意识。通过参与服装设计，学生将学会如何表达自己的创意和个性，同时也能够欣赏和理解不同文化的审美价值观。

巧手育心，育"你我他"之心

郑州市郑东新区聚源路小学　邵笑艳

记得那是2015年，郑州市郑东新区教文体局开创了师师有社团、生生上社团的先河。于是，关于手工制作的不织布社团——巧艺社应运而生。

社团起初是关于不织布材料的手工社团，不织布的发卡、不织布的头花、不织布的口金包、不织布的装饰画、不织布的纸抽盒等等，在我和孩子们的手下诞生了。孩子们也从连针都不会认，到平针、回针、锁边缝、打节轻车熟路，孩子们的成长是飞速的。而在那个网络还没有那么发达的年代，我作为一名"菜鸟"，成长也是飞速的。那时候网络资源有限，新华书店就成了我们周末常去的地方。可是书本上的内容虽说系统，但是比较陈旧，难以吸引孩子们，于是，书本成为巧艺社社团课程的框架，而网络构成了框架下的一片片枝叶。巧艺社也顺利走出去，成了郑州市郑东新区的首批"三星级"社团。

伴随着创客教育的发展，聚源路小学引进了中国传统服饰课程，并在巧艺社的基础上成立了多彩华服社团。多彩华服社团，以中国传统服饰为依托，通过给孩子们讲述朝代历史故事、利用AR技术将平面作品转为立体作品，让孩子们仿佛徜徉在我国历史长河之中，感受中国传统文化的魅力。孩子们领略了我国独特的服饰美学，提高了创意思维、劳技实践以及艺术素养。多彩华服社团一直是聚源路小学非常受欢迎的社团。记得华服课程刚刚引进时，在郑州市美育展上那可是出尽"风头"，通过VR让孩子们穿越时空与古代人对话，孩子们运用自己的画笔将自己设计的服饰穿在古代人身上，吸引了展区里无数的目光。我们的课程也斩获了市、区的多个大奖，并且《郑州日报》对此进行了专题报道，可谓"风靡一时"。

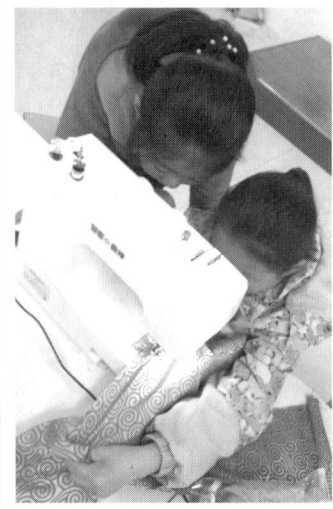

图2-6　学生在学习制作华服

时代在进步，我们也在发展，孩子们喜欢的东西也不一样了，我们紧随时代潮流设置了婚纱制作、少数民族服饰等多个课程。课堂上，教师们通过讲述少数民族的服饰文化，带领同学们感受我国多元的服饰文化。在低年级段课程设计上，我们采用了无纺布、大头针等更加适合低年级段学生年龄特点的工具材料，更加安全地教授学生学会打结、平针缝、回针缝等劳动技能。在高年级段课堂上，学习难度更上一层，我们利用正常的针线、缝纫机等工具，带领学生学习设计制作他们非常感兴趣的礼服系列课程。通过立体剪裁的课程学习，孩子们感受到了不同布料的特性魅力，并且过了一把设计师的瘾。

我们社团的初心是"巧手育心"，育的不仅是老师的心，也是孩子的心、"你我他"的心。在穿针引线之间，培养了孩子的耐心；在各种展示之中，提升了孩子们的信心；在不断的变化之中，发展了教师的追求卓越之心。而我们社团的目标是将优秀的服饰文化传递给孩子们，在每一个孩子心中种下一颗热爱中国优秀服饰文化的种子,未来让这颗种子生根发芽,开出传承的蒲公英花,让中华优秀传统文化撒向全世界。

图2-7 学生在展示制作的华服

在"源"课程中,学生从来不是被动的接受者,而是实践和体验的主体。我们鼓励他们动手实践,探索未知领域,培养解决问题的能力。通过"趣味运动会""绘本时间""射箭""服装文化周"等一系列活动,在玩乐中学到知识,在实践中培养技能。

聚源路小学致力于让聚源学子在快乐中成长。快乐将激发他们的学习兴趣,培养他们积极向上的心态。通过丰富的教学活动,我们将教育理念付诸实际,确保每个聚源学子在实践中获得丰富的经验,为他们的成长奠定坚实的基础。

第六节 笃行不怠,构建"源"课程评价体系

聚源路小学立足学情、面向未来,以"源"教育文化为引领,坚持立德树人,倡导"以爱为源,让每一个生命精彩绽放"的教育理念,构建"尚德、启智、赋能、蕴美、勤劳"的学生培养目标,持续改革完善多元评价体系,致力于培养德智体美劳全面发展的社会主义建设者和接班人,精心培育德正才高、善学乐群、身心健康的时代学子。

一、建构"三源"课程评价体系,铸牢优质教育品牌

(一)丰富课程资源,搭建五育并举的个性化成长平台

聚源路小学以国家课程为底色,立足学生成长的过程发展构筑多元课程体系,开发具有学校鲜明特色的"三源"(本源、探源、思源)课程评价体系(见图2—8)。

其中,"本源课程"强调固本溯源,注重学生知识积累与能力提升,帮助学生拓宽、拓深素养内涵。"探源课程"强调引源入心,关注地域文化的厚植与渗透,同时打开国际视野,促进学生拓宽视野与格局,帮助他们增强民族自信心,激发学生对传统文化的兴趣,留住文化根脉,培育新时代中华文化传承者和发扬者。"思源课程"强调思源思进,主张学生在课程学习中创新思维,锐意进取,勇于实践,日新又新。

图 2-8 "三源"课程评价体系

1. 依托校内必修课开展智育评价

在基础型课程领域,我们始终坚持以课堂教学质量提升作为主要目标,更着眼于学生的学习。学校针对学生的差异,在部分年级的部分学科不同程度地实施"面向全体、分类指导、分层推进"的策略,关注问题设计、例题选择、作业布置和学生评价等方面的分层教学。学校从各年级的生源情况和管理实际出发,坚持以点带面,逐次推进,不求形式的张扬,只求实效的呈现;不求一哄而上,只求适合贴切。同时注意在推进过程中不断地为广大教师提供方法指导和方向引领,取得了一定成效。

2. 依托校内社团课开展美育、体育评价

学校广纳资源,通过内引外联的方式,最大限度地提升学校课程的供给潜力,逐步形成以高级教师为引领、各级名师把关、以优秀青年教师为中坚的师资团队,利用课后服务时间,结合学生需求,在学校原有的击剑、射箭、创客、体育、艺术类精品社团的基础上,增设礼仪、高尔夫、旱地冰壶、手势舞等社团。

围绕学生的身心健康、审美情趣、科技创新等全面发展需求,通过成果报告、评价档案、模拟情景展示、舞台展演、竞赛等评价方式,实现从"注重知识和能力"转向"注重过程和素养",建构学生的个性化成长模型,使教育评价不断走向精准化、个性化、时代化。

3. 依托学生志愿实践活动课开展德育评价

学校充分开发利用实践活动来提升德育的体验价值。定期组织学生走进红色教育基地、博物馆、科技馆参观学习,举办学雷锋活动、清明祭扫、护绿环卫、志愿红爱心传递、低碳宣传、校园文明岗、国旗下班级风采展示等活动,帮助学生增长知识、拓宽视野,通过高品质的活动,践行社会主义核心价值观,引导学生从小"扣好人生的第一粒扣子"。

学校围绕立德树人的总目标,强化过程评价,根据学生在每项活动中的参与值、贡献值、创意值,进行量化评分,由此推选出每期的"雏鹰行动之星",同时学校将此奖章荣誉融入学生德育综合评价中。这样动态而富有创新形式的课程实践形式,使得学生的道德认知在日常生活中有所提升,道德情感在实践体验中得到升华,道德行为在实际生活中形成自觉。

4. 依托校内和家庭劳动课程开展劳育评价

聚源路小学秉承"以劳动促心智、以实践求真知"的教育理念,从树立正确劳动观念、掌握必备劳动技能、培养积极劳动精神、养成良好劳动习惯四个维度入手,加强"劳动+实践"的综合育人模式,丰富劳动教育实践路径,规范劳动教育的有效评价。

聚源路小学利用升旗仪式、班会活动课、道德与法治课、广播等途径,广泛宣传劳动学习的重要性,帮助学生感怀不忘"劳动创造生活"的初心,从理念和意识上筑牢根基,鼓励学生在真实的劳动情境中去体验、去探究、去总结。

各年级常态化开展劳动课程,并充分利用学校的基础设施,开展丰富多彩的劳动体验活动,带领学生从"课本"到"生活",在劳动中发展学生身心,在生活中养成勤勉爱劳的习惯。并以实践为抓手开展劳动教育活动,帮助学生打通渠道、拓宽开放外延,为学生搭建多元的成长舞台。学生通过动手、动脑进行一些实际的劳动体验,锻炼了观察能力、思维能力、实践操作能力、策略学习能力与合作交际能力等。

同时,在加强学校与社会资源的对接方面,以生产、生活、服务为项目化实施领域,为学生提供更多的劳动实践机会和平台,激发他们的兴趣和潜能,并通过选定的科学指标,对学生的综合劳动素养进行过程性的有效评价,凸显劳动育人的综合性意义。

(二)开发特色课程,赋能"教材+"校本化评价的新高度

聚源路小学制定"教材+"主题式与"赋权型"学习任务,实施课内外联动、双效聚力,真正实现课内外的勾连、教材和生活的有效迁移。学校以"思源杯"演讲比赛、校园艺术节、校际足球联赛、主题画展、科创小发明、劳动特色文化周、志愿红爱心传递等活动为载体,全面实践和展示校本课程的实施效果,帮助学生在"做中学""议中思",帮助教师由专业化走向研究型,树立学校特色品牌课程的良好口碑。

1. 以思政课为依托,拓展爱国教育内涵

聚源路小学以班级红色文化学习和校外红色实践活动为抓手,借助书香阅读、源舞团、梦想合唱团、金话筒语言等社团,组织开展"读革命故事""诵红色经典""讲爱国故事""唱演时代精神"等特色课程,将爱国主义教育融入课后服务,赓续红色血脉,传承红色基因,有效激发学生的爱国、爱党、爱乡之情。

图2-9 原创舞蹈《我是红旗渠儿女》荣获第十二届"小荷风采"全国少儿舞蹈金奖

2.研学旅行促成长,最美的课程在路上

聚源校区和通泰校区积极开设"红色、古色、绿色、潮色"等研学特色课程,纳入学校的"源"课程体系。让小学生以实地学习的方式了解地方建设和文化特色,促进研学旅行和学校课程的有机融合,精心设计研学旅行活动方案,推出"特色主题学习任务单",帮助学生明确要求,唯实求真,思、学、行、议都在路上。

图2-10 学生参观大河村遗址博物馆和参加龙子湖护绿研学活动

(三)拓宽课程路径,助力因材而育的学生发展性评价

学校根据学生年龄特点,定期开展校园艺术节、科技展、趣味运动会、经典诵读、读书分享会、英语沙龙、阳光大课间、足球班级联赛、校园美化与班级环创等活动。这些丰富多彩的校园活动,兼顾学生的思想品德、身心健康、艺术素养以及实践能力、创新能力等各方面,突出学生全面发展的独特性、灵活性和童趣性,实现学生综合素质评价的特色发展。这样课程与活动的"双向奔赴",实现了学生由具象的知识理解向实际问题解决与创新的跨越,为学生搭建了多样化的舞台,让他们尽情地施展自己的才华,并在活动中生成同伴评价,激励自我的全面、长效发展。

(四)推进家校共育,谱写协同育人多元评价新篇章

为引导家长落实家庭教育主体责任,转变家庭教育育人理念。聚源路

小学有效利用家、校、社三方合力,构建协同育人的良好教育生态,改变原先只是教师评价学生、家长评价教师的局限性,实行家长、学生、教师三者互评机制,学生、家长、教师三者互为"被评价者",同时也是"评价主体"。

学校每学期组织家长对学校、教师各方面的情况进行问卷评定,同时积极开展"书香家庭""最美家长"等评比活动。学校通过家长委员会、家长会、家长课堂、校园开放日和汇报演出等形式,将课程设置与学习成果向家长进行主题式展示,并邀请家长参与多元化课后服务课程的讲授。这些家长在为学生传播知识、开阔学生视野的同时,也在用其个人魅力与人格品质影响着学生。

另外,学校经常利用关键时间节点,开设"寒假陪伴与成长""传统文化与春节""开学季"等专题课程,解决在家校合育和孩子成长过程中家长遇到的最紧急、最迫切的问题,并在亲子共研、共习的过程中,通过量表统计、交流反馈和叙事研究等方式获得更深度、更有效的数据和材料,从而使家校共育评价更加全面、准确。

二、推行"五感"教师多维评价体系,引领教师蓄力成长

高质量的教育离不开高质量的教师队伍,而高质量的教师队伍建设则需要客观、公正、科学、有效的教师评价制度作为保障。随着教育形势的变化,学校积极探索教师评价改革,建立纵向贯通、横向融通的"五感"教师评价体系,坚持把好师德第一关口、突出教育教学实绩、强化育人工作能力、优化教师能力评价、打造教师荣誉体系。在评价中,坚持显性评价数据化,隐性评价优质化的原则,注重过程性评价、多元化评价、多维度评价、发展性评价,努力让评价成为教师专业成长的催化剂和持续发展的指路牌。

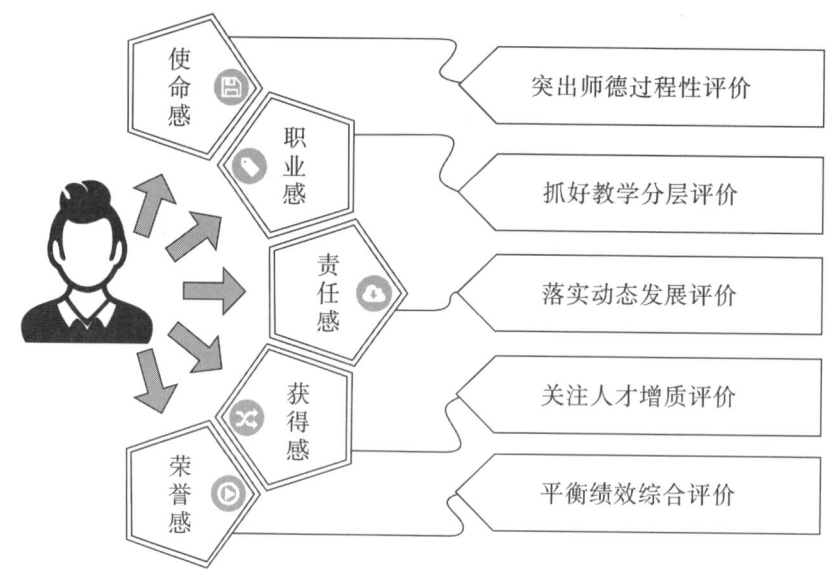

图 2-11 "五感"教师评价体系

"五感"教师评价体系,以培养教师的使命感、职业感、责任感、获得感和荣誉感为目标,始终坚持以师德师风建设为统领,以立德树人为根本,以改革评价为动力,深化产教融合、科教融汇,推进人才资源共建共享,把教师培养成信仰高、修为深、底蕴厚、育人智的大先生,并将教师的基础性评价、发展性评价和卓越评价作为学校年度评价的指标,并与教师的增值评价、过程性评价和终结性评价相结合,精准定位教师的发展坐标,激活教师发展的内驱力,合力打造一支师德高尚、业务精湛、结构合理的高素质教师队伍。

(一)突出师德过程性评价,增强教师的使命感

抓好师德评价第一关,突出师德过程性评价。师德师风是评价教师素质的第一标准。为更好地强化教师队伍思想政治和师德师风建设,学校健全师德学习培训制度,如师德文化传承、师德考核激励、师德师风专项成长档案等,对每一位教师进行"职前"师德的考察评估、"职中"师德的培训学

习、"职后"师德的颂扬传承。一方面,在师德师风评价中,积极推行师德考核负面清单制度,对于违反师德行为的,实行一票否决制。另一方面,学校积极抓典型、树模范、广宣传,学校每年都会进行"聚源最美教师"的评选活动,表彰师德师风突出的个人,激发教师们树立正确的价值观、教育观。

(二)抓好教学分层评价,增强教师的职业感

为更好地引领教师成长,发挥评价的导向功能,学校根据实际情况,依据教师自身的成长,设置了梯级成长目标:合格型教师、优秀型教师、骨干型教师和专家型教师。新入职教师通过3～5年的时间,课堂能够达标,可评定为合格型教师。发挥自己特长,形成自己的教学特色,拥有较强的驾驭课堂的能力,才能成为优秀型教师。骨干型教师和专家型教师既要教学理念先进,教学成绩突出,还要带领其他教师实现课堂的转型。梯级评价目标的设置,既明确了教师的培养路径,又充分发挥了各类人才在教学科研、专业建设、团队发展等方面的积极作用。

与其"一峰高耸",不如"群峰竞秀"。聚源路小学以学科建设、课程开发为依托,建立名师引领下的集团教学研训一体化制度,通过集团内备课、评课、教研、优秀课例等优质资源共享,促进教师队伍专业水平整体提升,实现优质教育资源的全覆盖和精准推送,提升成员校师资队伍"自我造血"能力,促进集团成员校共同发展。

集团学校不断深化课堂教学改革,多途径开展校本教研活动,实现"六课"(特级教师引领课、骨干教师示范课、学科组内公开课、新进教师汇报课、教研组内研讨课、校级素养优质课)一体化。对于校级公开课,要求学科教师全部参与听课研讨。随着集团规模的扩大,青年教师队伍不断壮大,集团坚持实施"青蓝、青松扶持工程"和"种子教师培养工程",持续关注每一位教师的成长,共同助力,为全校教育教学质量的提高打下了坚实基础。

集团成员校之间定期组织开展联谊教研活动,围绕"领航者论坛""名师

工作室""名班主任工作室"及"多彩聚源"专题教研活动,通过以研促教、校本研修、专题研讨、读书沙龙等活动,借助"走出去、请进来"的方式,凭借引领帮带,让教师们在各种学习、实践、竞争中百炼成钢。

(三)落实动态发展评价,增强教师的责任感

教书育人是教师的第一职责,学校通过顶层设计帮助教师绘制了专业成长的导航图,精准实施专业教师素质提高计划,提升教师教育教学能力和教育管理能力。

教师的成长具有动态性。为了更客观地对教师进行评价,学校注重多维度的过程性评价,建立教学督导评价机制,突出教师的教学质量和班主任工作管理,激发教师做教学的"名匠人"、育人的"大先生"。

每学期,学校会为每位教师准备成长记录档案,记录这一学期的成长过程和过程评价,其中既有课堂评价、月度评价,又有学期评价。学校每学期都会组织各种形式、各种课型的听评课活动。在听评课活动中,年级组内同学科教师要积极进行听课,并在课后对任课教师的课进行评价,形成评价性语言和评价性分值,记录在教师成长记录档案中。月度评价,即以月为单位对教师进行评价,年级主任和教研组组长组织其他教师对任课教师这一个月的工作情况、教学情况、参加教科研情况等作出客观的定量和定性评价,为每位教师今后的发展提出指导性建议。学期评价,即以学期为单位对教师进行综合评价,教师要根据自己的学期计划,提交一份工作总结,针对自己的目标实现程度进行自我评价。学校教务处、德育处等部门联合学生、家长为教师进行综合性评价,并对以后的发展提出建议。

(四)关注人才增质评价,增强教师的荣誉感

教师成长具有内驱性。学校积极选树教学名师,深入发掘技能大师典型,用榜样的力量和人格魅力感染、激励全体教师努力提高自身师德修养和教育水平,通过人才增质评价来唤醒教师自我发展的内驱力,激发教师成长

的力量,激活教师的潜能。

1. 建立荣誉体系与晋级考评制度

首先,学校建立带有校园文化特色的"星耀聚源"荣誉体系,带领教师开启"追星行动",定期开展"名班主任之星""德育工匠之星""名师引领之星""校本教研之星""创新技能之星""教学新秀之星""心理辅导之星"等教师荣誉的评选表彰,并在学校微信公众号的教师风采栏中进行宣传展示。这样正向的荣誉引导,既提升了优秀教师的社会影响力和职业幸福感,更为其他教师的成长提供范本与内驱自觉的动力。

同时,学校建立了基于教师专业能力和教学实绩的职称晋级考评制度,让优秀的人被尊重,落后的人有压力。职称评聘综合考核教龄、校龄、专业水平、教学业绩、出勤、项目工作、团队发展、突出贡献等多方面因素,通过评价导向争取优秀、树立正能量。

2. 学先进、做先进的正向引导

学校帮助教师量身定制个人发展规划,促进教师实现职业理想。每学期开学初开展个人发展规划研讨会,学校分阶段对教师制定的目标进行量化评价,通过发现问题、落实整改、过程督促,全面提升教师专业成长的实效性。

学校鼓励教师发挥个人兴趣特长开发校本课程,支持教师依据实际教学问题深入课题研究,鼓励"种子教师"践行阳光成长计划中每学期的粉笔字、朗诵、配音、科学实验等项目的练习。帮助青年教师写好中国字,练好基本功,传承好中华优秀传统文化,做更优秀、更精进的教师。

每学期的精彩聚源、班主任沙龙活动,让教师补充了必要的理论基础,促进了内在和谐与成长,切实提高了综合素质。这些评价活动的实施,唤醒了教师的"内驱力",帮助他们更好地凝聚共识、提升素养、获得成长、实现人生价值。

（五）平衡绩效综合评价，增强教师的获得感

首先，发挥绩效导向作用。绩效评价主要突出工作实绩，对教师有一定的约束和激励作用。聚源路小学深化绩效工资分配制度改革，建立符合学校特点、体现岗位贡献和分级分类管理的绩效分配制度体系。统筹调控各类人员绩效水平，建立岗位动态调整机制，以岗定薪，纵向上拉开层级差距，横向上注重工作实绩，多劳多得、优绩优酬。

其次，强化绩效体系设计。聚源路小学的基础性绩效注重岗位的基本工作考核，奖励性绩效突出工作实绩，向标志性成果倾斜，主要包括岗位绩效、业绩绩效和年度考核绩效等。多元的绩效评价指标、灵活的考核方式构成了科学的绩效评价体系。

最后，发挥绩效激励作用。科学合理的绩效考核体系可以激发教师的主观能动性，保持教学团队奋发进取的活力。学校将绩效考核贯穿于日常的教学和管理活动中，采取月考核、学期考核、年度考核、聘期考核相结合的方式执行，在考核实施过程中，引入监督机制和公示制度，保障考核全面、公平、有效，充分发挥绩效的激励作用。

绩效综合评价以教师发展为核心，尊重了教师个体的发展需求和发展潜能，把教师个人本性中追求卓越的需求激发了出来，让教师"收获感"满满。"五感"教师多维评价体系已成为教师专业发展的引擎，推动教师专业发展，引领教师专业成长。

三、创新"五彩"学生多元评价体系，培育新时代好少年

聚源路小学兼顾学生的行为素养培育，生成"尚德、赋能、启智、蕴美、勤劳"的"五彩"学生多元评价体系，并发挥其导向作用，融合"三源"课程体系与项目式学习内容，建设覆盖全面、扎实有序的素养教育评价机制。

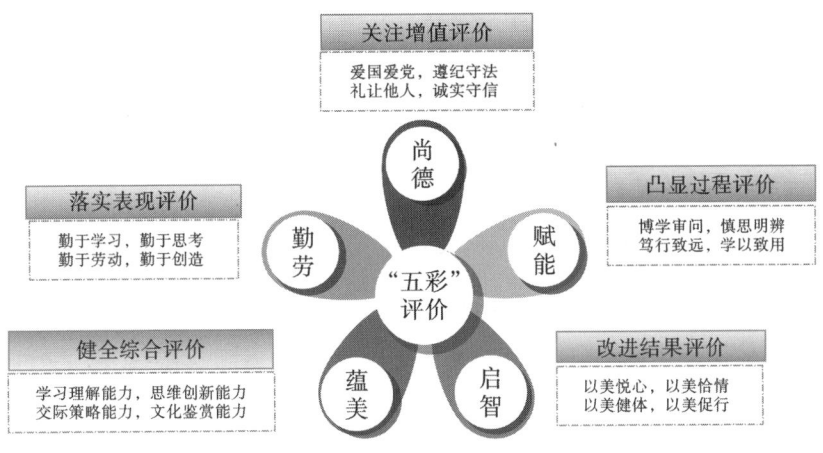

图 2-12 "五彩"学生多元评价体系

(一)红领巾争章,关注增值评价,培育"尚德"少年

根据上级要求,结合学生行为规范教育、少先队活动、课后服务社团活动、各学科教学、社会服务、劳动教育、家庭教育等内容,开展"崇德尚美 雏鹰争章"活动,奖章除基础章(五星章、火炬章、绶带章)外,还根据源文化的校本化诠释另设立四个特色章(德正章、才高章、善学章、乐群章),再根据可操作性分解其内涵,设立小章,融入生活,即行即评,关注学生在本评价周期内的进步程度及学习生活的全过程,即关注学生的增值评价,从而科学、公正地评价教师的育人努力成效。

(二)特色月展示,凸显过程评价,培育"赋能"少年

为保证学生的素养发展能落到实处,由学校德育处牵头,利用大课间、升旗仪式、少先队活动课等展示平台,开设"特色月展示"主题活动,凸显过程性评价。如每年的3月、4月、5月、6月,分别是"学雷锋活动月""读书活动月""劳技展示月""阳光体育月",暑假为"社会实践月",每年的10月、11月、12月分别是"创客展示月""学科活动月""才艺风采月"。特色月的每一

项活动都依据课程标准来设计内容,制定明确的测评指向表,明确各年级、各项目的测评能力点,进行评价激励,努力让每一个学生在一个选定的领域里争取新进步。

(三)趣味性乐考,改进结果评价,培育"启智"少年

为落实"双减"要求,让测评更符合低年级段学生的年龄特点和心理需求,以"趣味乐考"为主题组织期末大闯关活动,采用学业的无纸笔趣味测评方式,有效地改进结果性评价,激发学生的学习兴趣和热情,让孩子们从怕考到乐考,增强自信心,获得成就感,真正做到减负增效。如语文学科从识字、背诵、朗读、口语交际四个方面,设计"识字小能手""诵读金嗓子""说话小达人""故事小达人"等活动,对学生的字词掌握、朗读能力、口语交际能力等方面进行全面考查;数学学科围绕口算、心算、生活中的数学等方面,设计"听算题""视算题""生活运用题"等活动,让学生在数学情境中灵活运用数学知识,提高学生的数理思维和语言表达能力,激发学生学习数学的兴趣;为提升学生的综合素养,进一步加强综合学科教学的管理,建立健全教师综合学科考核评价体系,设计"我是运动小健将""我是书画小能手""我是唱歌小达人"等活动,让学生拿到一张张通关卡,一个个心里乐开花。

(四)多元化激励,健全综合评价,培育"蕴美"少年

聚源路小学注重合理定位课后服务功能,大胆开拓课后特色育人活动,组建了丰富的课后服务课程群。一是兼顾在增强体质的同时提升学生的审美意识形态,艺术、体育并驾齐驱。二是通过编程、航模、乐高机器人等科技课程,培养学生的创新实践能力。三是密切联系学生的生活和社会实际,积极开展生活、环境等综合应用学习活动,致力用学校和教师的"辛苦指数",换学生和家长的"幸福指数"。

同时,学校课后服务工作领导小组聚焦充分调动教师主动参与课后服务的积极性和保障课后服务质效的可持续性两个重点,建立了课后服务工

作的管理机制,像组织常规教育教学一样认真组织督导整个课后服务工作过程,通过"一周跟踪、一次调查、一次教研、一堂新课、一期汇报展示"等"五个一"保障课后服务整个特色课程的实施及品质。"一周跟踪"即在课后服务前期进行活动计划筹备建设、活动实施过程的跟踪反馈;"一次调查"即在正式开课前,可以分年级邀请报名学生代表预先体验一下社团课程,观摩后做一次学生的访谈问卷调查,对课后服务工作质量和课程流程设计进行一次综合评价;"一次教研、一堂新课"即在访谈后开展一次对课后服务的专题研究,让课后服务开展得好的教师进行课堂示范、经验分享;"一期汇报展示"即在学期末进行集中成果检验,包括课程设计、过程性资料、学生作品等,课后服务工作领导小组通过巡课跟踪、访谈评价、成果展示效果等多方面综合考评,进行表彰。通过加强课后服务的过程督导和多元评价方式,为课后服务质效的可持续性发展提供有力的保障。

(五)乐享式实践,落实表现评价,培育"勤劳"少年

学校将校园劳动、生活劳动、服务劳动进行课程化建设,与校园美化、班级环创、卫生打扫、种植园体验、社团活动、综合实践、家庭技能与手作创意设计等活动相结合,带领学生通过劳动技能性学习和操作性学习,了解劳动技术与操作技巧,体验收获和成功的快乐,弘扬传统文化、厚植农科情怀,深刻体会"劳动创造生活、服务生活"的真谛。

图 2-13 "四美劳育 幸福成长"实践活动

学校通过丰富劳动学习资源，让学生体验劳动场景，用心感受劳动过程，创设学生"身心一体"的劳动教育实践路径。积极开展社会公益活动，引导学生践行社会主义核心价值观，凝聚劳动育人合力，选树先进典型，弘扬劳动精神。深入挖掘蕴藏在传统文化中的劳动教育资源，结合学校教育理念、厚植历史文化、传承人文精神。

1. 校园美化分享，兑换"贡献卡"

以"美化校园"为项目式跨学科主题学习活动，让学生在校内真实的环境中，运用数学思维从空间规划的角度观察和认识校园，并借助劳动、美术等多学科知识与方法对校园进行合理的装饰与美化，通过自己的设计和行动将校园变得更美。

图2-14　学生用各种各样的艺术作品美化校园

2. 耕读种植体验，收获"勤劳卡"

借助思源农场劳动实践体验田，让学生躬身种植与采摘，在传承农科文化的同时，感知劳动辛苦、体验劳动乐趣，帮助学生从"知识课堂"走进"实践课堂"，从"书本世界"走入"自然世界"，一起探寻植物的生长奥秘，感知学习生活的丰富多彩。

图2-15　学生们在思源农场体验丰收采摘与冬小麦种植活动

3. 我爱我家展示,争先"达人榜"

从生活实际出发,让学生在整理房间的过程中学会思考、认真观察、自主探索,体会到有序思考问题的好处和整理、归纳的方法,学会理解尊重父母,养成热爱劳动、热爱生活的良好习惯。

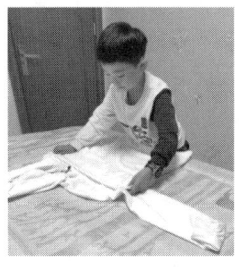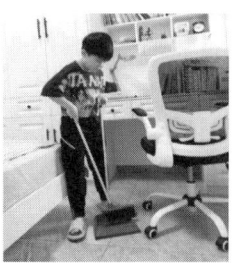

图2-16　学生在家里栽培植物、叠衣收纳、打扫房间

图2-17 学生亲自体验水培豆芽

4. 科技赋能创新,争当"科学星"

通过科技运动会和科学社团活动,以动手劳动为底色,以兴趣为纽带,以创新为动力,帮助学生手创属于聚源少年的"星辰大海"。学生设计的模拟飞行座舱、海陆空装置模型、编程机器……他们一边操控自己设计出来的展品,一边自信满满地解释其中蕴含的科学知识。聚源学子利用拼贴、拼装、剪贴等方式,把纸巾筒变成火箭,将黏土化作星辰,变废为宝,点燃自己心中的"航天梦"。

图2-18　学生在郑州市郑东新区科技运动会上的精彩展示

5.乐享智趣生活,集赞"文化墙"

学校积极开展创意无限的生活实践活动。从畅享美好"食"光到亮丽华服的设计,从"火针刺绣"的木烙画到创意手作,从水培植物到智慧收纳,从书墨飘香到非遗传承……学生用智慧的火花维持生活的温度,用奇思妙想创设劳动的价值。

图2-19　学生通过劳动体验美食与传统艺术文化

学校层面改变了重结果轻过程、重奖惩轻激励、重数据轻内容的单一性评价模式,从过程性、发展性、成果性、数据性等方面进行评价,贯彻"每节课都'五育'并举"的理念,蕴藏"每个活动都是素质教育"的实践,让学生的评价形式"活"起来。教师开始从多角度欣赏学生,并能因材施教,采取有效的手段让学生在互助、平等参与的氛围中,充分发挥其优势才能,实现个人价值,促进每一个学生全面发展。

学生人人都受到了尊重,树立和增强了自信心,唤醒了对成长进步的追求,学习态度更积极了。同学之间你追我赶,精神风貌、整体综合素养呈现出一派蓬勃发展的景象。

第三章 溯源教师成长

第一节 秉德铸师魂

一、榜样的力量

宁喜平,女,中小学高级教师,国家二级心理咨询师,郑州市优秀班主任,区行业标兵。从教30余年,一直把"认认真真做人,兢兢业业做事"作为自己的人生格言。岁月的长河没有磨灭她对教育事业的热爱,相反,对教育教学,她又增添了一些新的理解和思考。"有德无才贡献小,有才无德危害大",这是她经常对学生说的话。对她,学生们是又怕又爱。怕,不是因为犯错后会受惩罚,她从不揪住学生的小辫子不放,而是把学生的每一次犯错当作最好的教育契机,在严管和宽爱之间,给了学生们一条自然成长之路;怕,是因为她有"神功"!如果你做了坏事,又想刻意隐瞒,你瞧着吧,她走进教室,眼睛一扫,立刻锁定目标范围,叫几个人出去,一一面谈,三问两不问,嫌疑人就乖乖"缴械投降"了。学生们背后悄悄说,遇见一个明察秋毫的懂心理学的老师,见证的都是"奇迹"!在日常的班级管理工作中,她特别注重对学生进行思想品德教育,寓教于日常生活,寓教于丰富多彩的活动,让学生在轻松愉快中,受到熏陶,懂得道理,达到教育的最优化。她关注每一位学生,关注他们的内心、情感体验及成长的点点滴滴,给予学生最真诚的、有效的帮助,提起班上学生的性格特点、兴趣爱好、家庭状况、优点、不足,她总是如数家珍。她尊重每一个学生:尊重能力不足的学生,尊重有过错的学生,尊重和自己意见不一致的学生,尊重不尊重自己的学生。日记是她和学生沟通的秘密武器,她倡导写真事、诉真情,不仅仅是为了提高写作能力,更重要的是,借此给学生们一些切实可行的帮助,解决学生成长中的烦恼,共同享受成长的快乐。学生们把她当作倾诉的对象,学习方面的、交往方面的,都尽情吐露,无拘无束。在批阅时,她也会给予孩子们同样的真诚:或写几句鼓励的话,或及时安慰,或画一个竖起的大拇指、一张俏皮的笑脸……日记本发下来,学生们争先恐后去看宁老师的"留言",教室里那一张张充满快乐或者沉思的脸,是学生们成长篇章中跳动的音符。

米晓莉,女,中小学一级教师。2006年8月投身郑州市郑东新区教育事业,她从不在自己的工作日程表上留空白,不因个人原因耽误任何一节课。披星戴月地工作,只为每一位学生都学有所得。从不计较个人得失,经常是有困难走在前,吃苦耐劳,不忘初心。一路前行,从不懈怠,以强烈的责任感和无私忘我的精神,成就不平凡的教育事业。她精湛的教学水平和炽热的教育情怀得到了学校和家长的认可。她作为主持人成立了学校的数学名师工作室,指导青年教师备课、上课,一起探讨每一节课的学习目标、教学方法,对于他们教学中存在的问题深入分析并找出解决方案,这些教师快速成为聚源路小学教育队伍中的骨干力量。她担任学校的数学学科大组长,精心组织每一次学科教研活动,解决数学教师在教学中真实存在的问题,让学校的数学团队成为郑东新区的明珠。

马慧香,女,中小学一级教师。从教20多年来,她对待学生像对待自己的孩子一样亲,尤其对后进生更是高看一眼、厚爱一层。三尺讲台,放飞希望,为人师表,精益求精,就是她从师以来的写照,也是她的执着追求。她默默地在三尺讲台上耕耘,默默地做着为学生们一生幸福奠基的工作,二十年如一日。2022年的一天,她在家做饭时,脚不慎被热油烫伤。医生诊断为二度烧伤,建议卧床休息,抬高受伤部位减少血液的压力。作为一线教师,一边是紧张的工作,一边是身体的疼痛,为了不耽误学生们的数学课学习,她坚持着没有请过一天假,拄着拐杖坐着轮椅给学生上课,认真批改每一份作业,教育每一个学生。因没有遵医嘱抬腿静休导致伤口发炎,两个多月才能下地走路。2023年,她请假两次陪同女儿到外省参加校考,虽是请假,但为了不给学校带来负担,她主动调课,每周进行二十多节的数学课授课,两个班的作业每天加班加点全批全改。外出期间,每天按时布置作业并及时推送,虽然请假但学生们的数学学业质量没有受到影响。

陈红,女,中小学一级教师。2007年8月入职聚源路小学,十几年来一直在这里勤勤恳恳地躬耕。她刻苦勤奋,为了练就过硬的基本功,每天为自己定下"三个一"目标:每天晚上研读一遍第二天的课,早上梳理一遍当天的课,课后反思一遍讲完的课。她始终坚持课前用心钻研、精心设计、虚心请教,课后实心思考、真心交流、乐心收获。为了避免课讲得不到位、不深入,害怕知识点有遗漏,担心学生接受有难度,她带领年级组成员共同研讨突破重点、难点的教学方法,千思百虑,尽量做到面面俱到,真的是抱着既怕学生吃不饱,又怕学生吃撑了噎着的心态备课,把课堂上可能出现的各种情况都预设出来,再想出应对的方法,可谓挖空心思,绞尽脑汁,目的就是让每一个学生都能参与到课堂上来,激发他们的探究兴趣,把抽象难懂的知识掰碎了、揉烂了、再研磨,然后让他们慢慢地消化、吸收,直到会举一反三、迁移转化。

于璐,女,中小学一级教师,河南省名班主任。她担任班主任13年,坚持以爱国教育为核心,把"让每一名自己教过的学生精彩绽放"当作自己的人生信条。从体验式心理团队活动的探索,到体验式家长教育模式的践行,再到"源文化"视域下的"优势教育"育人模式的建构与实践,在培养有理想、有担当的时代新人的道路上,脚踏实地一步一个脚印地向前。她通过郑州师苑平台在全区乃至全国分享育人理念,获得广大教师的认同;新冠疫情防控期间,她作为郑州市名班主任工作室主持人,带领工作室成员攻克难关,弘扬特殊时期的正能量,停课不停研、做优云课堂,社会反响良好;支教期间示范引领,培训白沙小学语文教师、班主任,授其方法,提其素养,用一颗赤诚之心在乡村播下了希望的火种,助力乡村人才振兴。

二、支教显大爱

作为郑州市郑东新区投资兴建的第一所公办小学,聚源路小学多次承担跨市支教和区域内帮扶支教任务:有去三门峡卢氏精准扶贫的支教、送教,有去南阳南召的结对帮扶的支教、送教,有去周口扶沟支援"两区"建设的支教、送教。在支教、送教的过程中,教师们贡献了力量也历练了自己。

支教,为我打开另一扇窗

郑州市郑东新区聚源路小学　陈平

教师的生活总是单调的,尤其有了孩子以后,两点一线,年复一年。天底下有那么多的学校,自己往往只囿于自己那一隅。而支教,让我走出校门,走进另一个地区、另一所学校,走近另一群人,仿佛世界为我打开了另一扇窗,让我看到了一个不一样的世界!

一

红砖房,白灰墙,水泥操场,有平房有楼房,四面依次展开:东面是两三排起脊瓦房老教室,像极了儿时的教室,现在用作仓库和会议室,旁边一个旱厕。西面是围墙,围墙外就是鳞次栉比的民房。南边是教学楼,三层,东头是冲水式厕所,一到冬天水管就冻坏了,到处是水,冷的时候就结冰。就属这栋楼生机勃勃,这里装了一到六年级十几个班,每天一下课就热闹非凡,是孩子们的天下。北边也是一栋教学楼,四层,据说很久以前当过什么技能学校之类,但只有东半段的下面两层用作校长室等处室,西边半段一楼是住宿生的食堂,二楼住了厨师两口,剩下的房间就是我们支教老师的宿舍,没有纱窗,铁窗不能开了,只能开高处的天窗通风透气,几张破旧的铁架子上下铺一放,这就是将要陪伴我们一年的房间了。

这里最美的季节是秋天。学校西北角大门口,食堂前有一排五棵高大的银杏树。除了视频里见到的那种千年银杏树,这是我见到的最大的银杏树了!枝干挺拔,有四五层楼那么高;树冠茂密,夏季里,七八米宽的通道被遮蔽得严严实实。秋天叶落,满地都是金黄的扇形叶片,奇怪的是,树虽大,叶子并不大,精致小巧,连落叶也都如艺术品一般!最妙的是银杏树结的果子,是可以吃的。厨师总在结果时节打落许多果子煮来吃,我们也跟着有机会品尝一下这难得的宝物。厨师说,这银杏是实生树,不似那嫁接的银杏。我们也不懂,只觉得果实面面的,像山药的感觉,但又比山药绵软些。那是我唯一一次吃银杏果,迄今再也没有吃过。学校东边是一条河,说是臭水沟更合适,水边是垃圾倾倒处,时常有被淹死的小动物,每到夏天那味道都能飘进校园。过了河是村子,秋天的早晨,雾气弥漫,麦田青青,原野宁谧,一幅美的画面。就是冷。

这里最难过的是冬天。对住惯了暖气房的人来说,到了冬天会觉得难过得很。无论宿舍还是教室都是铁窗,根本关不严,这里的墙也没有保温层,存不住热气。空调开着有点热气,关上立刻就能感觉到冷气从四面八方迅速侵入整个空间。那种冷让你感觉无处可逃,更何况办公室的空调修一次只管用一两天。只有在晴朗的日子的中午前后,阳光才能透过窗户为向阳的房间增添一缕暖意。大点的学生还好,小点的学生的手啊,脸啊,十个有八个都长着冻疮,粗糙的小手背鼓鼓的,有的裂着口子,有的还渗着血丝,让人心疼。所以,每到冬天,每个办公室都氤氲着开水的热气,只要不上课,每人手里抱着一个热水杯子。喝不喝,单是那十几缕热气,看了都叫人暖和。

  关于冬天,还有几段难忘的记忆。有一个周末下大到暴雪,周日我看路实在难走,跟学校请假,看能不能等雪化了再去,回复是不行。一向遵守纪律的我踏上了路途。午饭后出发,转了几趟车,一路堵车,到扶沟的时候天都黑透了,车堵在离县城不远的一条省道上,堵了很久很久。想下车步行,但我也不知道路;留在车上,也不知道堵到什么时候。最后走到的时候已经是凌晨,好在没有耽误第二天上课。另有一次是年后,也是堵车,走到的时候已经是半夜,车到汽车站外面就让我们全部下车。回学校的最后一程已经没有车了,四处黑漆漆,路灯发着幽幽的光,我觉得它们是用来烘托某种气氛的,我不知道自己身处何方,只知道已经到扶沟了。街上出租车少得可怜,三轮车总共也只遇到一两辆。所有人都步行向前走,我随着大家往前走啊,走啊,我期待看到熟悉的街道门店,但是没有;我期待遇上一辆规范的出租车,但是每过来一辆就被抢走了。后来和另外三个人打了一辆车,大家说了目的地,我是最后一个下车的,当时的害怕和担心至今难忘。

二

  每年都有支教老师来到这所学校,老师们也都习以为常,对待我们就像处久了的同事,自然熟络,有啥说啥;也像对待新来的伙伴,会和新来的我们分享好吃的小吃、物美价廉的服装店,会介绍好逛的去处,会问我们郑州好玩的地方或者郑州的房价。我们坐她们的电动三轮车赶会、赶集、逛商场。再后来会互相聊聊家事啦,房子啦,贷款啦……就这样渐渐地熟络起来。

支教,只是换了个地方教书而已,还是那些工作;支教,多了些帮助别人的意味。我更喜欢现在这种像同事一样的关系,在公开课、展示课、各种活动中大家互相学习,取长补短。

到这里上的第一节公开课,我讲的是三年级的《盘古开天地》,教室里坐满了人,有教研室来调研的教研员,有学校领导,有语文老师,还有其他学科的老师。这么多人,我还有点小激动呢!《盘古开天地》讲的是巨人盘古开天辟地的故事,课文脉络清晰:前半部分写了盘古开天辟地又顶天立地,创造了天和地;后半部分写盘古力竭倒下,身体化为万物。课文充满了瑰丽的想象,语言生动优美。备课的时候我反复朗读,越读越觉得与古文相比,这篇文字充满了浪漫唯美的气息,边读边觉得随着课文的展开,古文也仿佛穿越千万年回响在我耳边。我先带着学生复习了生字词,回忆了课文主要内容,然后抓住关键句子理解生词;又抓住重点词语和句子理解盘古的神勇,感受开天地的艰难以及盘古那不怕困难、刻苦坚持、长期奋斗、自我牺牲、为民造福的精神。当学生带着对劳动创造天地万物的理解,带着对盘古的敬佩朗读课文时,那昂扬的声音响彻云霄;当学生感受盘古身化万物的奇妙想象朗读时,那欣喜的眼神悠远而清澈;当学生发挥想象思考更多的变化时,踊跃的小手、神奇的想象让人惊讶。课堂在学生对更多神话故事的期盼中落下帷幕。

课后,同事们拉拉我的手、拍拍我的肩或是微笑着对我表达赞赏,我感谢她们。领导、教研员和我一起坐在大队部的椅子上,给我分析了这堂课的优点和不足,让我受益匪浅。后来,我将这堂课修改之后,参加了河南省德育精品课程大赛，获得了一等奖。感谢感恩！

我并不是一直担任三年级语文教师。五年级缺教师了，我又去教五年级语文。到了下个学期，一年级缺教师，我又去教一年级语文。我听学校分配，就这样，我去了一年换着教了三个年级，但都是语文。

来这里听的第一节课是乔老师的试讲课。她被学校推出去代表学校到县里参加公开课大赛。按照惯例，她先备课，然后会有高手指点，可以看教学设计指点，也可以听她试讲后指导，还可以让大家坐在一起听她说课，然后议一议。但是教研组还没有人吭声呢，她就要上试讲课了。一个年级两个班，这就意味着试讲机会只有一次，所以她试讲的时候我调了课去听。我忘记她讲的哪一课了，只记得我走进教室的时候惊奇地发现，听课的只有我一个人。我赶快坐下，认真听，仔细记，边记边思考做旁批。她讲课很熟练，看得出一个老教师的沉稳；她备课很用心，但是也能看出她因为是在准备一节比赛课而有点束手束脚，与平时相比不太顺畅。下课了，因为只有我一个人听课，我就义不容辞地留下来跟她交流，听她说，也给她说一说我听课的感受，从这节课在教材中所处的位置、本节课应达到的目标、学情以及我对一堂好课的理解等方面跟她谈这节课的得与失。快谈完的时候，她拉着我的手哭了，说了很多。我不知道该说什么来安慰她，只能紧紧握着她的手，听她倾诉，鼓励她。

三

我得说说一同支教的"3+1"个老师。为什么这么说呢？"3"是我、郭郭和雪平，我们仨是从郑东新区来的；"1"是从高新区来的老师。

我们仨中郭郭最年轻，朝气蓬勃，热情爽朗。虽是河南人，可是她总给人东北姑娘的错觉，敢想敢干，啥都敢尝试，什么都不怕！最让人佩服的是，她是个美术老师，艺术素养极高，学校有什么活动，画个板报、布置个展台,亏得有她,总能妙手出奇迹。六一儿童节,她就用学校的红丝绒幕布当背景,用一叠彩纸和几块黄色、红色的皱纹纸,布置了个简单大方的舞台!所以,学校一有任务就交给她做。

雪平是个数学老师,她是我们当中唯一一个月都不回一次家的支教老师。她担任了住校班的数学课,晚上还有上晚课和看学生住宿的工作。和她搭班的是王老师,是个老教师,看到她你可以想到"朴素""朴实""吃苦耐劳"这些词语。她俩把一个住宿班打理得井井有条。从她这里我知道,住宿的学生并不都是因为家远或者父母在外地务工。很多学生家就在附近,但是因为爷爷奶奶不会管,所以就把孩子送来住校;也有学生家长就在不远的地方或者就在县城开个店、打个工,但是不想跑来跑去,所以就把孩子托在学校让住校。说他们不爱孩子吧,常常来送吃的;说爱孩子吧,送的都是零食,有方便面、火腿肠、果冻、米饼、辣条,还有爆米花之类。听她说完,我们都陷入了沉思。世界上的每个人,其实都活在不同的世界里。

在这样的环境下,我们结下了深厚的情谊。

冬天的时候,冷得人无处可钻,总觉得时光那样漫长,那样难熬,可时间也很快过去了。当春意浓得化不开的时候,夏天就到了。支教的日子临近结束,我脚崴了,踝关节肿得像个大馒头,去了医院,出来的时候带了个L形的石膏,于是我提前半个多月结束了支教生涯。屈指算来,我离开那里已经七年,方春霞校长、陈俊华主任、郭瑞红、王娜、郭俊华、荆丫、李红霞、周玉萍、乔亚敏、宋玉珍……这些名字除了留在微信中,便湮没在岁月的烟尘里,渐行渐远,现在他们中大部分面孔在我记忆里已经模糊,但是那校园、那银杏、那情谊、那别样的经历,永留心间。

支教十二时辰

郑州市郑东新区聚源路小学　韩韶青

寅时（3:00—5:00）

处于群山环抱中的卢氏县东明镇东明村一片寂静，下了一天的雨这阵也疲倦了，有气无力地滴滴答答着。趁着微光，可以看到一座小院，门上写着"东明小学"四个字，院子里那座三层小楼里，有几个屋子的窗户半开着，那是东明小学60多个住宿生的宿舍。"吱呀"一声，二年级那个小男孩儿翻个身向旁边哥哥的方向靠了靠，月光中他的脸上露着一丝微笑，这笑容像一朵花，对，就像是从郑州来支教的那个数学老师王永慧王老师奖励他的那朵小红花一样……

卯时（5:00—7:00）

一阵清脆的闹铃声划破了这寂静的夜，东明小学学生宿舍的隔壁小屋里一束灯光透了出来，一盏茶的工夫，屋里走出来一位穿着背心短裤的男人，他也是从郑州来东明小学支教的教师——韩韶青老师，每天晨跑是他的必修课。

2019年5月，郑东新区聚源路小学传达上级通知，号召老师积极响应"教育扶贫"政策，投身到支援国家级深度贫困县——三门峡市卢氏县的教育工作中去，韩韶青和王永慧两位老师主动报名，带着一腔热血来到了这片离家324千米的大山之中。

天还不太亮，韩老师奔跑的双脚已经踩过了一个个小水坑，脚步声配着周围那些叫不上名字的虫儿、鸟儿的鸣叫声，就像是一支协奏曲，他沉浸在这美妙的音乐中，沉浸在自己的小欢喜中。呼一口气，把昨天上了4节数学课的疲惫全部清空，吸一口气，一股凉凉的空气混着泥土的芬芳沁入心肺，这一呼一吸是他保持一天精力充沛的源泉。今天周二，他跑到卢园广场就匆匆返回了，这一趟7千米跑得有点意犹未尽，但是他必须赶在6点半之前回到学校,因为早上7点10分就要开始上早读。

韩老师回到学校时学生已经起床了,他们都聚集在院子东北角的水龙头前排队洗漱。看见韩老师,五年级的几个学生都热情地向他打招呼,有个叫陈浩南的小男孩儿问:"老师,你穿这么薄,不冷吗?"韶青笑着问他:"你用这么凉的水洗脸,你不冷吗?"陈浩南嘿嘿一笑,说道:"不冷,我们都习惯了。"韶青摸了一下他的头,微笑着说:"我也不冷,我也习惯了。"

辰时(7:00—9:00)

一天的繁忙随着校园喇叭里一曲《小二郎》的歌声开始。早饭时候王永慧问韩韶青:"你今天早上吃几个馒头?""两个,你呢?""哈哈,我也吃了两个。"早饭间这几句简短的交谈,大概是他俩一天中交流最多的时间了。40分钟的早读加上40分钟的第一节课结束,韩老师的肚子就开始咕咕叫了,早上吃的那两个馒头,就像他班上那几个调皮学生上课听讲的思绪一样,早不知道跑哪儿去了。回到办公室,他望着办公桌上的两座"小山"不禁苦笑一声,如果时光能回到一年前,他一定不会答应赵校长让他这个体育老师来教五年级数学的这件事吧?不过,也不一定。韩老师边改作业边跟旁边五二班的数学老师莫老师探讨如何才能让那些粗心的学生记住分数加减法最后的结果要约成最简分数这个细节,他俩都快被班上那些粗心的孩子气疯了。赶紧改作业吧,一会儿又该上第四节课了。

巳时(9:00—11:00)

今天还是阴雨蒙蒙,第二节下课也不上大课间,办公室的老师都在低头批改作业或批改试卷,大课间40分钟的时间,办公室异常安静,也没人走动。韩老师抬头看看对面语文老师的位置,空着,他知道同班教语文的张老师这会儿肯定在教室里给学生补课呢,临近期末考试,大家都在争分夺秒地努力着,谁上第二节课,就默认留在教室里继续对班上学生进行培优补差,学校里的工作靠的是责任和良心。

第三节课的铃声响起,王永慧老师从教室里回来了。她这个计算机专业的老师,来到这所支教学校也改行教二年级数学了,小学数学知识对他们来说都不在话下,学过教学理论、有着多年教学经验的韩韶青和王永慧只是欠缺对小学数学教材知识系统性的把控,他们自从接到数学学科的教学任务后,几乎每天都要在办公室加班研读教材、搜罗教法、学习上课技巧。由于学校教师资源紧缺,学校的副科也由班上的语文、数学老师担任,语文老师负责上品德、美术、音乐课,数学老师负责上体育、科学课。所以东明小学每个班基本都是两个老师包班的情况,一天8节课,两个老师每人各上4节课。课间简单的轮岗交换之后,办公室又恢复了安静。

午时(11:00—13:00)

一股饭香悄悄从窗缝飘进来,瞬间就溢满了整间教室,学生们知道该吃午饭了,一楼餐厅的阿姨做的饭总是那么好吃。第四节下课可不能拖堂或者留学生补课,因为饭菜都已经准备好了,去晚了就凉了。那句"吃饭不积极,思想有问题"的土话还是比较正确的,所以韩老师听见下课铃声响,就准时下课,他不是急着去吃饭,而是急着洗手去给学生们打饭,等到每个孩子都开始吃了,他才匆忙吃起来。

咖啡真是好东西,又香又提神,韩老师在办公室喝完最后一口咖啡,深吸一口气,拿着刚批改过的试卷走向教室。这周起,每天中午12:20—13:00学校又给五年级加了一节数学辅导课。在之前的期中考试中,五年级数学成绩不好,这眼看着临近期末了,只能多挤一点时间来"追赶"一下了。

未时（13:00—15:00）

下午第一、第二节课连上，无论是对老师还是对学生都是很煎熬的一件事，所以这样的连排课韩老师基本都是讲评一节，测验一节。学生做测试卷的时候韩老师就注视着每一个学生，看到照铭同学的时候，他心头一动，轻轻叹了一口气，上学期照铭的数学成绩相当优秀，经过疫情防控期间2个月的网课时间，再回到学校，他已经后退到勉强能及格的程度了。网课期间这个学生几乎不打卡、不交作业，韩老师跟班主任沟通后知道他家里情况比较特殊，父母不在家，平时都是爷爷奶奶照顾，网课对于这个家庭来说就像宇宙飞船一样神奇，不可触及。网课期间班主任刘老师也对其进行了家访，但收效甚微。开学来一测试果不其然，不过这个孩子还是有底子的，加上比较踏实，疫情后学习的新知识基本都能掌握住，踏实的孩子将来运气都不会太差。教室靠墙那列第三个男生的名字叫嘉坤，他的名字在黑板上出现的概率很高（语文作业未完成名单、数学作业未完成名单、英语作业未完成名单里都有他），让韩老师对他印象最深的是有一次数学测试之后，嘉坤走过来递给韩老师一颗糖，并腼腆地对韩老师说："老师，给你一颗糖吃。"韩老师没有拒绝，因为他喜欢吃糖，喜欢这种甜甜的感觉。一个孩子知识上暂时的落后并不可怕，有一颗善良的心是最难能可贵的。此时韩老师想起来他上周五在五年级期中考试总结表彰会的发言《静待花开》，愿每颗种子都能破土而出、茁壮成长。

申时（15:00—17:00）

惊喜总是在意想不到的时候悄然而至，不过"喜"之前总是带着"惊"的。微信群里的一纸通知让老师们炸开了锅，原计划7月中旬的考试突然就提前到6月底了。考完试就预示着暑假要到来了，但此时办公室的老师们似乎并不太想过暑假，因为这个通知完全打乱了他们的教学计划,课还没讲完,更别提复习了,韩老师原计划要把关于分数加减法那个章节的知识点再给班上的江珊同学补两遍的,这这这……一切都乱了。老师们一个个开始翻阅课本,查看资料,整理试题,重新制订复习计划。忙碌的时光总是飞快……

酉时(17:00—19:00)

晚饭时间韩老师犹豫了一下还是拿起第二个馒头夹着辣椒酱吃了起来,为了控制体重,韩老师这学期晚上都是只吃一个馒头的,今天他预感夜会很难熬。

办公室9根电棒照出的光吸引来了许多飞蛾,它们趴在窗纱上,飞不进来,又不忍离开。电棒上方的镇流器发出嗡嗡的声音,不时有蝇子在电脑屏幕前自由翱翔。他伸手向着蝇子的方向挥舞了一下,虽然知道这是徒劳的,权当是活动筋骨了吧。那边的王永慧问道:"韶青,咱们这支教活动过了暑假就没有了吧?"韩老师感慨道:"是啊,时间过得这么快,咱们都来这里一年多了,这马上就要结束了,还真有点不舍呢。"

韩老师打开手机,看了看手机屏保上那个可爱的小孩儿,那是他不到3岁的儿子。郑卢高速的两端,都是不舍!

戌时(19:00—21:00)

喧哗声打破了这片寂静,也打破了韩老师的思绪。他看看表,现在是晚上8点40分,学生下自习课了。韩老师坐在自己的办公桌前,敲打键盘的手停了一下,他的脑海中闪现出此时此刻学生正一排排地坐在台阶上洗脚的场景,这场景他每天都能看到,从万物凋零看到草长莺飞,简直是太熟悉了。

值日老师的催促声越来越响亮,然后戛然而止,想必是孩子们都已经躺下了。渐渐地,院墙外面的狗又和树上的布谷鸟较起劲儿来了,你一言我一语,彼此不相让。

亥时(21:00—23:00)

王永慧老师忙完,跟韩韶青打了声招呼就先回宿舍了,看来今天是个例外,韩老师没有一点要回宿舍的意思。

他又环顾了一遍办公室,办公室前面黑板上写着"爱岗敬业、求真务实"八个大字,办公室后面是一长排桌子,每张桌上都被各种作业本、练习册堆得满满当当。他的桌子上有个小小的笔筒,笔筒里放着十来根用尽的红笔芯,这一根根红笔芯记录着支教老师在这一年里的点滴奉献。

子时(23:00—1:00)

一只小花猫突然蹿到办公桌上,把韩韶青吓了一激灵,他站起身把小猫赶出去并关上办公室的门,回到位置上刚坐下又猛地站起来,小声嘟嘟一句:"咋就已经12点了啊?"

他还是决定关了办公室的灯回去睡觉,因为周三还有5节课在等着他去上。回到宿舍看到桌子上的跳绳,他才想起来今天晚上本来是要跳绳锻炼的。看来,计划赶不上变化。

丑时(1:00—3:00)

周而复始,昨天已经过去,今天的故事还在继续……

庚子年闰四月廿五

支教初心,乡村情怀
——我在周口市扶沟县的支教故事

郑州市郑东新区聚源路小学　王苗苗

2013年9月,我踏上了未知又充满希望的旅程,开始了我在河南省周口市扶沟县城关镇小学的跨市域支教。那是我人生中一段充满挑战、成长和感动的时期,让我对教育、生活和人性有了更深刻的理解。

初到城关镇小学，我被那里淳朴的民风和热情的孩子们深深吸引。我还记得第一次走进教室的情景：那是一间破旧的小教室，讲台上面摆放着一些用了不知多久的抹布，黑板槽里的粉笔灰已经落了厚厚一层。这一切让我不禁心生疑虑：我能在这里完成我的支教任务吗？

然而，我清楚地记得，当我站上那个三尺讲台，望着一双双天真无邪、灿若星辰的眼眸时，我暗下决心，不仅要精心准备上好每一节课，让孩子们学到知识、养成习惯，还要给他们送去更多的关爱，成为他们心中的太阳，带给他们光明、温暖和希望！

我深吸一口气，开始了我在这里的第一节课。我深知，这些孩子需要的不仅仅是知识，更是一份关爱和信任。

起初，孩子们对我充满了好奇，也许是因为我的突然到来，他们在课堂上显得生涩且畏怯。看到他们懵懂的眼神，我决定用心去呵护他们，慢慢走进他们的内心世界。

每天，我都在努力创造一个积极、温馨的学习环境。我不仅仅是他们的老师，更是他们的朋友和依靠。我组织了很多课外活动，绘画比赛、趣味问答比赛等，希望孩子们能在快乐中找到自己的兴趣点。我也鼓励他们勇敢表达自己的想法，不要怕犯错误，因为我深知，每一个错误对他们来说都是成长的一部分。

有一次，一个平时非常腼腆的学生在班上大胆发言，涨红的脸和微举的手让我看到了他的小心翼翼，更让我感到无比欣慰，那一刻，我看到了他眼中的自信与坚强。课堂上、教室里曾迸发出许多这样的瞬间，这些瞬间让我明白，教育不仅是知识的传递，更是心灵的连接，是一个相互启发的过程。

美好的开始，给了我莫大的鼓舞。作为一名有着丰富工作经验的教师，备课、上课，还有琐碎的班级工作，几十个孩子的喜怒哀乐，时时牵动着我的心。说实话,这一点和在自己学校教书没有不同,甚至有时我都忘了这是在支教。教育教学工作的本质和学校在哪里没有太大关系,关键在于自己想怎么去做、做到什么高度。我不止一次听到很多校长都讲过的一句话:教师干的是个良心活儿,一定要在大家看不见的地方,凭着良心把教育教学这事儿做好。对得起孩子,对得起天下父母的重托,对得起自己的良心!教书育人多年,我始终记得这句话,很是认同,常常觉得这正是教师的神圣之处!用良知守护初心,只想成为孩子们走向远方的铺路石,默默耕耘,欢喜满足。看着孩子们在我的引领下,欢呼雀跃地奔向美好的未来,不就是一种莫大的幸福吗?

渐渐地,我和孩子们建立了深厚的感情。我不仅是他们的老师,也成了他们的朋友,倾听他们的故事,分享他们的喜怒哀乐。每一个孩子都有自己的故事,有自己的梦想。有一次,一个名叫小雨(化名)的女孩向我倾诉她的家庭困境,她的家庭因父母生病致贫,她常常一个人背着书包上学,为了省钱她每天只吃一顿饭。我被小雨的坚忍和勇气深深打动,我决定帮助她,我让她每天饭点时来找我,和我一起吃饭,不要因为吃不饱饭而不能专心学习,我告诉她身体才是学习的本钱,好好学习,长大后才能回报自己的家庭,得到自己想要的生活。小雨肉眼可见地变得开心与坚定,后来她更加专心地学习,成绩也在慢慢提高。

然而,支教之路并不总是有趣的、一帆风顺的。有一次,我尝试用一种新的方式进行课堂教学,孩子们并不像我预想的那样兴奋。他们的表情中透露着迷茫,整节课死气沉沉,我感到有些沮丧。但我没有放弃,我重新思考自己的教学方法,结合他们的实际情况进行调整,最终找到了更适合他们的教学方式。我看到他们开始活跃起来,开始主动参与课堂时,那份成就感溢于言表。

在充实快乐中,日子一晃而过,转眼间一年支教时光就过去了,当我在 2014 年 6 月离开城关镇小学时,内心充满了复杂的情感。这里的每个人、每个故事,都成了我生命中的一部分。我不仅从中学到了如何成为一名更好的教师,更学会了如何成为一个更有爱心、责任心的人。还有不仅仅是对教育的理解,更是对生活的感悟。支教的经历让我学会坚持,学会感恩,学会用心去尊敬和理解他人。每一个孩子,每一位家长,都在我心里留下了深深的烙印。

这段支教经历成为我生命中一道亮丽的风景线。它不仅让我成长为一名更好的教师,更让我明白了教育的真正意义。教育不仅是知识的传递,更是心灵的连接,是爱的传递。教育教学这条路任重而道远,幸好有这些天真烂漫、纯洁无瑕的孩子们同行,一路走来,我亦深深体会到了"园丁"的幸福:春日百花园的五彩斑斓,芬芳馥郁,欢喜美好;夏日的潜滋暗长,生机勃发;秋日的硕果飘香,喜悦富足;还有冬季的坚忍努力,厚积薄发。行走其间,总是不由得感慨于生命的宝贵和美好,惊叹于生命的神奇和魅力!

我深信,在未来的日子里,我会继续传承这份爱与责任,用行动去影响更多的孩子,让这个世界变得更加美好。

脚踏实地教书　怀揣使命育人
——记录我的支教时光

郑州市郑东新区聚源路小学　王永慧

2019 年 5 月至 2020 年 6 月,那是一段值得纪念的日子,我有幸参与到"郑州市结对帮扶卢氏县"项目中,代表郑州市郑东新区聚源路小学前往三门峡市卢氏县东明镇东明小学开展跨市域支教活动。东明小学是一所涵盖一至五年级的寄宿制村小,设有 8 个教学班,20 名任课教师,300 余名学生,教师们爱岗敬业,学生们纯朴伶俐,这里有着如画的风景和和谐的故事!

作为土生土长的卢氏人,本次支教对我意义重大,有幸回到这片养育我的土地工作,激动之情溢于言表,只愿将一腔热情投入有限的支教生涯中,为家乡的教育事业贡献自己微不足道的力量。现将这段支教时光记录如下。

2019年5月13日,刚到支教学校,恰逢一名英语老师刚刚生病休假,我临危受命,承担四年级和五年级的英语学科教育教学工作。作为一名信息技术专业的教师,我对自己的英语教学不是很自信,再加上这里的五年级是毕业年级,一个多月后就要面临小升初的压力,我更是坐立难安。于是我想尽一切办法尽快融入新岗位,积极向原单位的英语教师们请教,快速掌握英语教学方法,了解学生学情,对班里的后进生进行补差辅导,利用课余和晚上时间备课、批改作业等,那段时间真的很充实。一个多月后,当把五年级的学生顺利送出小学校门,我才觉得内心踏实了许多。

夏去秋来,2019年秋季学期开始了,在数学教师紧缺的情况下,我又果断接受学校安排加入数学组,教授二(1)班数学课,同时兼任二(1)班科学、美术、体育课,每周课时量达到19节。在认真上好数学课的同时,我搜集各种资源开阔孩子们的视野,向原单位科学、美术老师借阅课程资料,向一同支教的体育老师请教体育课攻略……尽自己最大的努力高质量完成各个学科的教育教学工作。教师的重心在于上课,对于学校组织的三位一体课和赛课活动,我更是高度重视,早早地着手准备,搜集各种资源,不断修改教案,认真设计课件,最终呈现出了精彩的课堂教学效果,受到支教学校领导和同事的一致好评。课后,我还会对班里的学困生进行补差辅导,找学生谈心,跟家长沟通,真正做到用心教书,用爱育人。最终在我的不懈努力下,所带班级数学成绩稳中有进,取得了良好的教学效果,我也因此获得东明镇优秀教师、东明小学优秀教师的荣誉称号。

2020年春季学期,由于疫情影响,师生由面对面教学变成了网络教学,这种不同空间的教学方式给教师和学生都带来了一定挑战。根据支教学校延迟开学教学方案,我有序开展线上教学工作。首先是准备环节,我调查了全班44名学生的智能设备持有量,并建立了本学科网络教学微信群和作业提交小程序。上课环节,每节课我都会提前十分钟点名,然后按时转播全县统一录制的课程资源,课程播放完毕,适时提问和总结,针对我们班的具体情况,我还会进行额外的补充和重难点再讲解。最后是作业批改,学生在线提交作业后,我会逐一认真批改,每天下午六点准时对当天作业进行总结反馈,录制微视频讲解难题,开展针对性的一对一视频或语音辅导,全天候为学生答疑解惑。总之,为了尽量减少疫情对教育教学的影响,我兢兢业业,没有丝毫松懈。

在整个支教过程中,我严格遵守支教学校的各项规章制度。做到提前候课,不迟到不旷课,认真完成各项工作任务。按时参加每天的课间操、每周一下午的例会、国旗下讲话、听评课、学科教研、家长会、教师值班、晚自习看班、乡级县级教师培训等活动,这些都使我的支教工作更加充实丰富。

除了日常教学,支教期间还有很多有趣的故事。

2019年的儿童节,我和一起支教的韩韶青老师勇担文艺会演主持人任务,我们认真仔细地为节目排序,整理串词,和孩子们共庆节日、享受童年的快乐。能够参与到支教学校的方方面面,我感到非常荣幸。

由于卢氏县是国家级贫困县,所有村镇学校设有营养餐项目,全体学生中午在校用餐,于是我便自然而然地加入为孩子们配餐的行列,每天按时到岗,打完餐后和孩子们一起用餐。还记得那是2019年的冬天,天气很冷很冷,有一次我正在操场上的水池边洗餐具,突然有学生跑过来说:"老师,水太凉了,我们帮你洗吧。"那一刻,眼眶不自觉地湿润了,那种感动和温暖是永生难忘的,谢谢你们,纯朴善良的好孩子!这种同学习、共用餐的状态使得师生关系迅速升温,孩子们总是围着我讨论各种话题,询问我的属相、星座、爱好等等,被祖国花朵们"包围"真的幸福感满满!在和孩子们相处的过程中,我们建立了深厚的亦师亦友的关系,班里的两位画画小能手还为我画了画像,自我感觉相似度百分之二百,这些珍贵的作品值得永远珍藏!

在聚源路小学和东明小学领导、同事的关心帮助下,我的支教工作顺利完成。能够赢得学生的喜爱,受到同事的好评,得到支教学校的肯定,我感到非常自豪。传播更加先进的教学理念,使孩子们接受不太一样的教学风格,在孩子们心中埋下小小的梦想种子,这可能就是支教的意义吧。

这段支教时光将是我人生道路上浓墨重彩的一笔,成为一名支教教师是我无悔的选择,支教生活所焕发的光芒将照亮我今后的人生道路,我定会再接再厉,不忘初心、牢记使命,在今后的工作中争取更佳的成绩。

我的支教故事

郑州市郑东新区聚源路小学 张康康

路虽远,行则将至;事虽难,做则可成。以前我也看过不少关于支教的故事,直到自己亲自过去成为一名支教老师,才懂得其中滋味。

支教,不仅仅是一个愿望和一种情怀,更是一份光荣与责任,一段去融入当地生活的历程。对初次踏上支教地的我而言,眼前的支教之路既新奇,又令人兴奋。为了坚守教书育人初心,必须砥砺前行。

此次，我们一行十人相约赴南召，我们这个小团队的成员来自不同的学校——龙翼初级中学的陈艳彩老师是我们的支教队长，新城小学的李金伍校长是我们队伍里的老大哥，此外，还有来自外国语、康宁等学校的支教老师，我们一起在2021年8月29日出发前往南阳市南召县。第一次听说南召县是在我的大学时代，一次偶然骑行到达了南召县，当时我没想到未来会成为一名教师，回到这个地方支教。在车开往南阳市南召县的路上，我开始猜想这个未来要生活一年的城市。在那里，我会不会遇到各种有趣的事情和经历？了解当地的文化和历史，感受这个城市的特色和魅力？在支教过程中与当地的师生建立深厚的友谊，共同分享彼此的生活和成长经历？时间过得很快，中午的时候我们到了这个被大山包围的县城，这次支教是一次充满挑战和机遇的经历。这次经历，让我更深入地了解教育行业的相关知识，也为我此后的工作打下了坚实的基础。

经过一番整理后，回到正轨。我担任城关镇第一初级中学的体育教学工作，负责10个班级的体育课以及中考体育的训练。开学前，我认真准备课程内容，确保教学质量；初步关注和了解学生的学习情况，与体育组的同事和领导保持良好的沟通，确保支教工作的顺利进行。开学第一天，我就感受到了这里的独特魅力。当我走在校园里，看到孩子们一张张好奇的脸庞，听到他们对我这位来自远方的教师充满好奇的询问，我感到很幸福。接下来，我开始了我的支教生活。一节课下来，我不仅学会了如何更好地了解学生，也学会了如何更好地管理课堂。在这支支教队伍中，我认识了很多优秀的同事，他们给予我很多帮助和指导，让我更好地适应了这里的生活。在这一年时间里，我们除正常的体育课堂教学工作之外，还组织了一系列的体育嘉年华活动，比如冬季的教职工运动会。在运动会中，我看到了当地教师们的团结和拼搏精神。我们一起参加了各种比赛,如接力赛、拔河赛等等,虽然最后我们没有获得很好的名次,但在比赛中充分展示了团结互助的精神,也体验到了运动的快乐。校长、副校长以及全体教师齐心协力为了赢得比赛"不顾形象"的现场,成为大家茶余饭后的谈资。周末还有兄弟学校组建的篮球比赛,思源学校、现代学校、城关二中等几个学校的男教师组织了篮球联赛,感谢这些热情好客的教师。这些活动让我更加深入地了解了这里,也让我与同事们更加熟悉。除了教师运动会,学校还举办了学生的运动会以及初三年级的体育中考模拟测试。学生运动会时,我们参观了校园内的各个比赛场地,看到了各种精彩的比赛,如接力赛、跳远比赛等等。这些比赛不仅让学生们展示了他们的才华,也让体育教师更加了解学生们的需求和兴趣。而初三年级的体育中考模拟测试,则让我们更加深入地了解了当地的教育环境和教育状况。我们参观了各个考场,当起了监考教师,参加了测试,感受到了当地环境的艰苦。

支教的时间里,因为特殊的原因,我整个学期几乎没有回家,也没有回过郑州。有时候想家了就打个视频电话报平安,跟体育组的哥哥姐姐们相互聊一聊。在南召,也感谢这群大山里热情好客的同事,是他们让我感受到了家的温暖,他们带我领略了当地的美景,品尝了各种美食,也让我更加深入地了解了这里的文化和民俗。我非常珍惜这段友谊,希望我们能够继续保持联系,共同度过更多美好的时光。虽然支教的生活很艰辛,但我觉得这一切都是值得的。在这里,我不仅学到了如何教学,也学到了如何与人相处。我感到非常幸运,能够成为这支支教队伍中的一员,能够为这里的孩子们做一些力所能及的贡献。

我相信,这一年的经历将会成为我人生中最美好的回忆之一,南召也俨然成了我第二个故乡,这些将会对我未来的生活和工作产生积极的影响。尘雾之微,可补益山海;萤烛之光,可增辉日月。

第二节　修远提素养

一、联合教研协作与共享

为了提升聚源路小学教育集团教师素养、专业水平和教学实践应用能力,加强校际教师相互合作、交流,探讨和解决教学中的实际问题,总结和推广先进教学经验,全面提高教学质量,集团以协作与共享为目的定期进行联合教研。

(一)联合备课,美美与共

1.一枝独秀不是春,百花齐放春满园

集团以"跨校分工、资源共享、优势互补"为思路,加强集团备课管理,规范过程组织实施,落实"三定、六备、五统一"的集体备课制度,倡导教师在课前对课标、教材、学生、教法、学法、教学资源等进行充分的研究与整合,统一教学目标、统一教学重难点、统一课时分配进度、统一作业布置和多维训练、统一单元过程性评价,通过"小、实、新"的灵活教研模式,扎实开展集体备课,打造高品质的趣味课堂。

2.好课锋从磨砺出,精彩源自历练来

聚源路小学以"大集备+小教研"的组织形式灵活推进教研活动,打造"教学+教研"的双效合作共同体;注重名师、骨干教师的示范引领,采取了一系列管理优化措施,以"主题+课例+微讲座+同课异构"等为主题开展集体备课,提升了教师的备课效率,锤炼了教师的教育艺术,发挥了集体备课的实效。在备课内容上,聚源路小学紧紧围绕课时研究,聚焦大单元教学、整本书阅读、开放性作业设计、教学评一体化、学生活动观等新课改要求,打造高质量的集体备课。

3."集"思广益,"备"显芳华

教师层面,大家积极履行"六基"集体备课程序。教师充分研究教材、选择科学的教学方法和素材资料,在个案的基础上,同年级、同学科教师加强合作与交流,从实际出发,帮助学生解决实际生活中的问题,撰写完整的教学活动预案和学历案,并结合教学实践和经验对预案再进行深入细致的推敲、斟酌、研究和调整,创新运用个性化教案,让知识点间的联系更加有梯度,进一步推进研究型、项目化、合作式的学习方式,实现课堂效益最大化。

(二)联合教研,聚力共生

1.抓顶层设计,建构大教研格局

由核心校牵头,全力构建全学段、全联通、全覆盖的联合教研模式,统筹协调,调动教研资源攻坚克难解决教育实际问题,分学科、分学段组建教研团队,进行有效的策略性分析,分享创新经验,形成步调一致抓提升的良好氛围。

2.抓均衡推进,形成共同理念

为了实现管理和师资的优化配置与深度交流,聚源路小学教育集团充分利用内部优质资源,打破校区壁垒,各校区互派轮岗教师进行交流学习,通过集团校际的骨干引领、典型带动、因地制宜、均衡发展的工作策略,全面推进了课程教学改革,逐步提高了育人质量,进一步实现了集团校内教研互动的规范化和长效化。同时,针对各校区的共性问题,我们通过主题教研、专题研讨、模式探究、策略互动、方法共享、理念齐学、平台共建的方式,校际实现了教学资源共享,大大缩小了校区间的差距,促进了集团教育各校区均衡发展。

3.抓团队建设,落实全链条突破

集团校不断深化课堂教学改革,多途径开展校本教研活动,实现"六课"(高级教师引领课、骨干教师示范课、学科组内公开课、新进教师汇报课、教研组内研讨课、校级素养优质课)一体化,共同助力,提升教师的教育教学水平,为全校教育教学质量的提高打下了坚实基础。

集团成员校之间定期组织开展联谊教研活动,围绕"领航者论坛""名师工作室""名班主任工作室"及"多彩聚源"专题教研活动,通过以研促教、校本研修、专题研讨、读书沙龙等活动,借助"走出去、请进来"的方式,凭借引领帮带,让教师们在各种学习、实践、竞争中百炼成钢。自集团成立以来,学校多次邀请专家引领集团教师成长,提升课堂教学有效性。

二、四级公开课引领与展示

聚源路小学进行四个层面的公开课,借助公开课,促进教师专业成长。

(一)高级教师引领课

每学期1个学科,按现在各学科的副高级职称教师人数,本学期2节语文,下学期1节数学,再下学期1节音乐,依次轮流。按姓氏排列,每学期轮流上高级教师引领课。以后每年有再晋副高的教师,且年龄在50岁以下,在这些教师之后按顺序排列,加入上高级教师引领课的行列。

作为聚源路小学专家型教师,他们精心备课,多次磨课,力求精益求精。他们以娴熟的教学技艺、丰富的教学经验、扎实有效的课堂训练,展示了学科的独特魅力,切实发挥了示范、引领作用。他们深受大家的尊敬,每学期老师们对高级教师的精彩展示充满期待。

引领课,向我们展示的不仅仅是优质的课堂、高超的教学手段,也让我们明白了教学呼唤艺术,教学需要智慧。追光而遇,沐光而行;深耕课堂,研以致远。

(二)骨干教师示范课

为充分发挥骨干教师的示范、引领作用,有效促进广大教师的专业成长,聚源路小学进行骨干教师示范课。

骨干教师教学技能与特色的展示,也为广大教师提供了一个观摩、学习、提高的平台,使更多教师分享、学习他们的教学经验和方法,充分发挥了他们示范、引领、辐射、带动的作用。聚源路小学教育集团全体教师将以骨干教师示范课为契机,不断学习与思考,砥砺前行,努力提高教育教学水平,真正实现共同进步,共同成长!

(三)组内教师公开课

为激发课堂教学活力、提高课堂效率,促进年级组内教师参与课堂教学研讨的积极性、主动性;促进教师们在教学活动中不断实践、不断反思,提升教学能力,我们进行组内公开课。

40岁以下教师必须上,40岁以上教师自愿上,坚持之前的要求,凡是参加"一师一优课""信息技术融合课""精品课"等视频课评选的教师,须至少连续3个学年参加学校各层面的公开课。

各组在课前集备时认真再认真,钻研再钻研,教师在组内磨课、上课的过程中,逐步形成自己的风格和习惯,带领年轻教师快速成长。三人行,必有我师,每一次的组内公开课则是把课堂中的优与劣聚集,是集体力量与思想的汇聚,这就是公开课的价值所在。

(四)毕业生汇报课

为进一步帮助新进教师提高自己的专业素养,夯实其驾驭课堂教学的基本功,提高教学水平和教学质量,促进新进教师的成长,我们进行3年以内毕业生教师汇报课,为新教师搭建一个锻炼自己、展示才干、交流学习的平台。

毕业生教师在自己师父的指导下,精心备课,认真钻研,经过在教研组内的磨课,给大家呈现一节精彩的课堂,对教师本身来说既是一次检阅,也是一次历练。课后,参与听评课的学校领导和同学科教师在一起点评交流,在肯定优点的同时,提出课中存在的问题及改进方式和策略,对毕业生教师的成长起到促进作用。在今后的教学中,新进教师要站稳讲台,脚踏实地的学习和研究,用新课程理念指导教学实践,在教学中成就自己。

每一次学习,都是一场日趋精进的提升;每一次奔跑,都只为凝聚更好的教育力量。毕业生汇报课也让我们看到了年轻的种子教师向下扎根,向上生长的蓬勃力量。

新进教师会把美好的愿景和对课堂的思考装入行囊,在教育教学的道路上,且行且思,且悟且进,笃志深耕,拔节成长!

三、四级教师的管理与培养

聚源路小学立足于提供高质量的教育,致力于培养学生成为有责任心、创造力和团队合作精神的未来领导者,在追求卓越教育的过程中,我们深刻认识到培养优秀教师的关键作用。教师队伍的质量直接影响到学校的整体教学水平和学生的发展。因此,我们明确了一个长期目标,即通过精心设计的培训和发展计划,不断提升种子教师、青苗教师、青蓝教师和青松教师的素养,促进整个教师队伍的持续发展。

在培养种子教师、青苗教师、青蓝教师和青松教师的过程中,我们注重实效性和可持续性。通过多种手段的结合,我们看到了整个教师队伍的不断壮大和发展。这不仅为学校的长远发展奠定了基础,也为学生提供了更优质的教育资源,让他们在这个充满竞争的社会中更好地发展和成长。

(一)种子教师

青年教师是学校教师队伍的一个重要组成部分,是学校事业发展的期望,是学校的主力军。他们的成长与发展决定着学校未来发展的方向与高度,他们代表学校的力量,也寄托着学校的希望,他们就是学校未来的"种子"。为不断提高种子教师的全面素质,聚源路小学对 1990 年以后出生的青年教师实行综合培养,有计划地提高一批教师的教学水平。

1. 指导思想

青年教师的思想政治素质、业务水平直接关系到学校的生存和发展,种子教师的培养是聚源路小学教师队伍建设的一项重要而紧迫的任务,是学校建设的一项重大工程。加强种子教师的队伍建设,不断提高种子教师教育教学能力水平,让他们尽快胜任教育教学工作,促使种子教师向更精、更高的目标奋进,成长为聚源路小学教育教学可持续发展的骨干后备力量。

2. 培养目标

通过努力,力争 3 年后使每位种子教师在政治思想、师德修养、业务素质和教书育人的实际工作潜力方面达到优秀水平。构建由课堂教学优秀者、教学能手、学科带头人组成的骨干教师队伍,培养一批具有先进的教育思想、科学的教育理念、道德素质高尚、业务精湛、教学成绩优秀、开拓创新、科研成果闻名的特色名师。

3. 培养措施

重视种子教师的思想政治工作,思想上用心引导,使他们热爱教育事业、教书育人,为人师表。利用各种形式,组织他们学习相关文件、提高认识,以先进教师的事迹教育激励他们,使他们真正具有乐于奉献的精神。

明确种子教师的具体工作和努力目标,对他们提出具体要求,使他们能严格要求自己,努力学习,提高业务水平,关心学生的成长,做学生的良师益友。要求他们以高度的职责心,保质保量完成所承担的教学任务,虚心向老教师学习,努力做好教书育人工作,在教学实践中不断提高自己的素养。

鼓励青年教师要有广泛的学识,要有准确的成长定位,要深研自己的教育教学本职工作,要坚持阅读和写作,要好好地把握专业成长的关键期,要努力成为教学闭环中全面发展的人。

根据每位种子教师的具体状况,落实培养规划,为他们聘任思想作风好、学术水平高、教学经验丰富、治学严谨的教师担任指导教师。首先,指导编写教学设计,教学设计是讲课的基础,要求种子教师认真备课,写好教学设计是一个极重要的环节。分学科培训怎样才能写好教案,指导种子教师编写并审阅他们的教学设计。其次,指导种子教师苦练教学基本功,着力帮助种子教师过好教学关,"高起点、高规格"培养种子教师,带领种子教师通览教材,教会他们把教材读透、读精,找出教学重点和难点,把握学科趋势和走向,深刻领会学科知识深度与广度,能将知识前后联系并用于解决问题,进入融会贯通的境界。最后,发挥老教师的"传、帮、带"作用,每周集体备课,老教师与种子教师多交流,在工作、生活上多关心指导,督促种子教师爱岗敬业,自我加压,开拓进取,尽快成长为一名骨干教师。

通过对种子教师基本功和教学常规的训练,组织竞赛,以赛促练,掀起种子教师苦练基本功的热潮。同时,开展说课、听课、评课等活动,全方位提高种子教师的教学潜力。

积极为种子教师的成长提供条件,搭好舞台,创造机会,让他们在校、区、市各级教研活动中唱主角,经受锻炼。校领导、中层经常组织听课、评课、研讨,从本校实际出发,采取多种措施、多种渠道为种子教师成长提供条件。

加强种子教师的培训,为种子教师的校内外培训铺路搭桥,合理利用多种培训形式,加强培训工作力度。组织教师外出学习、听课、听讲座,学习外地的先进经验,组织有关领导、专家来校,给他们提供多方面的教学信息。

用心开展教科研,树立教学即教研、问题即专题的意识,用心投身新课程教学研讨,反思教学行为,总结教学得失。努力培养教科研的自觉性和主动性,积极撰写教育教学心得体会,进行课题申报。

推荐种子教师在各类刊物上发表优秀文章。鼓励种子教师进行专业知识、技能的学习,支持与鼓励种子教师报考硕士、博士研究生,针对某一学科进行进修学习,提高自身学历水平和业务水平。

"大鹏一日同风起,扶摇直上九万里。""种子"包含着无穷的生机和蓬勃的活力,借助聚源东风,助力种子教师自身腾飞。

(二)青苗教师

在教师培养中,培养青苗教师是我们工作的重中之重。年轻教师拥有鲜明的教学激情和创新意识,是学校未来发展的生力军。我们注重建立科学的选拔机制,确保选拔到具备专业素养和教育热情的青苗教师。与此同时,我们设立了导师制度,为他们提供更多的指导与支持,通过导师的经验分享和定期的交流活动,帮助他们更好地适应学校的教学环境,提高教学水平。

1. 选拔

在选拔方面,我们深知教师队伍的质量对学校的发展至关重要。因此,我们制定了明确的选拔标准,不仅注重学科专业知识,更关注其教育理念、沟通能力以及对学生的关爱。通过这一过程,我们筛选出了一批富有激情、责任心强的教育新力量。

2. 导师制度

为了更好地帮助他们成长,我们实施了导师制度。每一位青苗教师都有一位经验丰富的专业导师,负责指导他们的教学工作。导师不仅在专业知识上提供支持,更注重情感上的关怀。定期的指导和反馈帮助青苗教师更好地适应教育工作,不断提升自己的教育水平。

3. 培训计划

我们制订了全面的培训计划,包括教学技能和教育理论培训。通过举办内外部培训课程,我们为青苗教师提供了广阔的学习平台。这些培训不仅帮助他们更好地理解学科知识,还改变了他们的教育观念和方法。

通过这一系列的努力,我们看到了青苗教师在短时间内的显著进步,他们逐渐成长为学校教育事业的中坚力量。他们的投入和努力为学校带来了新的活力,为培养更多优秀的学子奠定了基础。

(三)青蓝教师

青蓝教师的培养同样是我们关注的焦点。这一层次的教师已经积累了一定的教学经验,需要在专业知识和教学技能上不断提升。我们鼓励他们参与各类教育项目,为他们提供更广阔的发展空间。通过组织教学研讨会、名师工作室以及提供专业发展课程,我们努力激发他们的创造力和探索精神,使他们在教学实践中更加得心应手。

1. 提升教学能力

为了提升青蓝教师的教学能力,我们经常举办教学研讨会和名师交流会,让青蓝教师有机会分享教学经验、交流心得。此外,我们积极支持青蓝教师参与专业发展课程,以不断拓展他们的知识面和提升教学技能。

2. 支持参与专业发展课程

在项目参与方面,我们鼓励青蓝教师积极参与校内外的教育项目。通过这些项目,他们不仅能够应用所学知识,还能够锻炼自己的组织能力和管理能力。学校为其参与项目提供资源支持和指导,确保项目的顺利开展。

3. 提供资源支持和指导

为促进教师之间的交流合作,我们创建了师资交流平台。这个平台不仅提供了一个分享经验和教材的场所,还鼓励教师们积极参与团队协作,共同探讨教学问题,促进专业共同体的形成。

(四)青松教师

对于青松教师,我们更强调其在教育领域的深度研究和创新。我们鼓励他们参与教育研究,推动教育理念和方法的更新。通过设立晋升通道和提供职业发展指导,我们希望每一位青松教师都能在自己的领域取得更为显著的成就。

此外,我们设立了教学荣誉奖项,以表彰他们的卓越贡献,为教育事业树立榜样。

1. 提供明确的晋升通道

在我们小学的教育体系中,培养青松教师是推动学校教育事业不断发展的关键一环。为此,我们制定了明确的教师晋升制度,为青松教师提供了明确的晋升通道。这一制度不仅包括教学业绩的评估,还考虑到教育研究、专业发展以及领导才能等方面的因素,确保评价的全面性和公正性。通过这个通道,我们激励教师在不同领域取得卓越成绩,并为其提供更广阔的职业发展空间。

2. 提供职业发展指导

为了支持青松教师的职业发展,我们提供了职业发展指导。每位青松教师都有机会与学校领导进行一对一的职业规划咨询,通过制订个性化的发展计划,帮助他们更好地规划职业生涯,并提供所需的支持与资源。

3. 支持教师参与教育研究

在研究与创新方面,我们鼓励青松教师积极参与教育研究。学校提供资源支持,包括研究基金,以便教师能够深入研究教育领域的前沿问题,推动学科发展。同时,我们也鼓励青松教师尝试创新的教学方法,为学生提供更富有启发性的学习体验。通过这些举措,我们希望培养一批具有研究精神和创新意识的青松教师,为学校带来更多的学科进步和教育创新。

4. 设立激励和荣誉制度

为了表彰和激励青松教师的卓越表现,学校设立了教学荣誉奖项。这些奖项包括最佳教学奖、教育研究奖等,通过公平公正的评选机制,确保每位杰出的教师都能得到应有的认可。这不仅是对个体教师的鼓励,也是为了营造积极向上的教学氛围,激发更多教师的积极性和创造力。

(五)成效评估

为确保我们的教育培养计划能够实现预期目标,我们进行了系统而全面的成效评估。

1. 科学收集数据分析

我们通过收集教师评估数据来深入了解培养种子教师、青苗教师、青蓝教师和青松教师的效果。这些数据包括教学观摩、学科竞赛、课堂评估等多个方面,用于客观评价教师在教学、科研和创新等方面的表现。通过综合分析这些数据,我们可以及时发现并肯定教师在培养计划中的亮点,同时也能够及时对存在的问题提出针对性的改进建议。

2. 密切关注学生的学业成绩和反馈

通过定期的学业评估以及学生和家长的反馈意见,我们能够全面了解学生在学习中的表现和需求。这有助于我们调整教育培养计划,更好地满足学生的学习需求,确保他们在全面发展中取得更好的成绩。

3. 定期评估长效机制

定期持续的评估是我们成效评估的关键环节。我们设立了明确的评估周期,以确保每个阶段都能及时了解培养计划的执行情况。通过定期的评估,我们可以发现并解决计划中存在的问题,及时调整培养策略,确保计划的顺利实施。这也为我们提供了机会,能够不断地提升和完善培养计划,以适应教育领域的变化和学生需求的变化。在评估的过程中,我们注重团队合作和共享经验。通过与教师们的紧密合作,我们共同探讨问题、分享经验,从而更好地促进学校教育水平的整体提升。这种协同努力不仅有助于更准确地评估计划的成效,也为我们构建了一个积极向上的学习氛围。

通过不断地评估、调整和改进,我们确信我们的培养计划能够更好地满足教师和学生的需求,为学校的教育事业带来更为长远的、可持续的发展。

在过去的一段时间里,我们通过积极实施种子教师、青苗教师、青蓝教师、青松教师培养计划,取得了显著的成效。这一系列的努力旨在建设一支充满活力、富有创新精神的教育队伍,以更好地服务学生的全面发展。总体而言,我们的培养计划在多个方面都取得了令人满意的成果。

通过对种子教师、青苗教师的导师制度和培训计划的全面优化,我们成功培养了一批教学基础扎实、热爱教育的教师。他们在学校的各个领域都表现出色,为学生提供了更具启发性的学习体验。同时,通过对青蓝教师的专业发展和项目参与的支持,我们促使他们在教学和团队协作方面取得了显著的进步,形成了一个合作共赢的教育团队。对于青松教师,我们通过制定晋升通道、支持教育研究和鼓励创新教学方法,培养了一批在教育领域具有卓越影响力的教育专家。

展望未来,我们将继续努力深化教师培养计划,以更好地适应不断变化的教育环境。在选拔中,我们将进一步优化选拔标准,确保引入更多富有激情和创新意识的教育人才。同时,我们将强化导师制度,加强导师与种子教师、青苗教师之间的互动,以更好地引导他们成长。在培训方面,我们将结合教师的实际需求,制订更加个性化、实用性强的培训计划,提升他们的教学水平。

此外,我们计划加强教师之间的交流合作,通过建设更为有效的师资交流平台,促使教师们更加积极地分享经验、共同成长。在成效评估方面,我们将进一步细化数据收集和定期评估机制,确保评估的科学性和及时性。最终,我们将致力于构建一个更具活力和创新力的学校教育团队,为每一位学生提供更高质量的教育服务,为学校的可持续发展奠定坚实基础。

第三节　溯源促成长

一、反思悟源，探寻课堂真谛

"经验加反思是教师成长的催化剂"这句话，在聚源路小学得到了最好的诠释。自建校以来，学校教师坚持撰写教学反思，早在2009年学校就成功申报了国家级"十一五"规划重点课题"名师教学法"的子课题"教学反思与教师专业成长"，其研究成果在全国合作教学研讨会上获得专家好评。十多年来，教师们的反思经学校集结成几十册反思集子。教师们和反思结缘，每次教研时都会畅所欲言，交流成功时的欢笑、教学中的缺憾，反思已成为聚源路小学教师的一种习惯。

我思故我在

郑州市郑东新区聚源路小学　　李景璞

　　从开始工作，"写教学反思"似乎就成了我教学生活中的一部分。不可否认，能把自己课堂中的一些问题、自己的思考、学习的总结记录下来，对于我们年轻老师的成长确实非常有利。作为理科生的我，一开始是非常排斥写教学反思的，对于文字类的内容，本身就非常头疼，更何况要求每周一篇，这对我来说无疑是很大的挑战。当时老校长还要求念反思，我只能放弃网络的力量，硬着头皮"我手写我心"。这么多年下来，由最初无话可说的排斥，到现在坐在电脑前面互诉衷肠的亲切。17年坚持撰写反思，督促我养成不断思考与改进教学的习惯。

　　《蜕变》是我的第一本反思集。2006年暑假，在金水区和郑东新区之间,我选择了郑东新区这块热土。来不及欣赏郑东新区的美景,便开始了紧张的培训。俗话说,"培训是最好的福利",几天的培训已经让我尝到了这种"福利"的甜头,学到了不少教育教学的技巧与方法。也是在那个时候,我第一次听说"教学反思"。我们每天上午集中培训,中午不回家,甚至不休息就开始在机房整理自己的学习心得。印象最深的一篇反思《细节决定成败》,是听马校长的报告后写的一篇学习心得。如今再看当时自己写的反思,确实有些幼稚,甚至可笑。但那的确是自己由一名学生向教师转变所必须经历的一个过程。这就像我在《蜕变》的结束语中写的:几天的培训,付出的是汗水,收获的是惊叹!惊叹的是自己由一名初出茅庐的大学生蜕变成一位满腔热血的青年教师;惊叹的是自己理念的更新,从教学机制到教育理念的转变,从学科体系的更新到教学方法的重建,我的认识被提升了,思想被洗礼了。

第二本反思集《伴花成长》,记录了我初为人师,自豪之余随之而来的各种各样的问题。第一次走上小学的讲台讲课,才知道小学课堂管理和教学是门大学问。作为青年教师,仅靠年轻人的那点儿激情是不够的,要想进步成长,还要做个有心人,向身边的每一个人学习。于是我在讲完自己的第一节公开课之后写了《激情与智慧》,我第一次认识到一个好的数学老师,就是能把难以消化的知识,掰开了,揉碎了,让学生去消化,最后再穿成一串。而至关重要的一个细节就是"如何掰开"才算是"揉碎",于是我进行了反思。哪个孩子会不爱学习?与其灌输给孩子一堆数学知识,倒不如用一句真诚的鼓励,给孩子一个成功的机会,让他们喜欢上数学,再去学好它。"吃一堑,长一智",因为记录了自己的不足,所以听课学习时,我特别关注有经验的教师对学生的评价,慢慢地丰富自己的评价语言。

《班有"爱迪生"》让我第一次体会到了读懂学生的乐趣。主人公赵琪是一个可爱纯真、追求真理的小姑娘,她总是有问不完的问题,像什么是小白鼠呀,1千克为什么等于1000克,整数部分和小数部分为什么用一个点隔开,等等。一开始我难以招架,甚至有些害怕与反感,与同事常老师、郭老师一起把这些问题记录整理进行反思,才发现其中不少问题很有数学价值。这让我认识到应该站在学生的角度去看待数学,然后去思考、解决问题。很庆幸,及时的反思没有让我很情绪化地评价学生,让学生好的思维习惯得以延续。如今文中的主人公已经大学毕业,联系我时还是那样执着好问。

《给教材"添油加醋"》是我在讲小数意义时遇到的一些问题,也是年轻的我第一次创造性地使用教材。北师大版的教材给了我们很多的处理空间,对于没有经验的年轻人来说,很多时候会摸不着头脑。但是当我静下心来潜心研究,仔细体会编者的意图,再将自己的思考在实际教学中进行实践,不断地反思与积累,渐渐地感觉教材不那么空洞了,驾驭起来也轻松了不少……

有时不经意的记录,常常成为最美好的记忆!其实这一篇篇的反思,都是我在教育教学工作中遇到的实实在在的问题,问题的核心就成了反思点。我把它们记录下来,请教同事、查阅资料、自己尝试,就这样一点一滴积累起来,积累了我人生的许多第一次:第一次上公开课,我认识到自己的种种不足;第一次被专家指点,我受宠若惊;第一次失败,我学会自我批评;第一次读懂孩子,我学会勤于思考;第一次改变教材,我体会着思考与实践的乐趣……这些让人刻骨铭心的第一次感悟与反思,促进了我和学生的成长!学生学数学的兴趣提高了,这就是反思带给我的最大满足。在反思中,我和学生们一起成长!我经历了反复思考、艰辛实践,也体会了成功后的喜悦!自从2010年1月获得教育博客大赛银奖,用博客记录自己教育、教学的心得和体会,渐渐地成了自己生活中不可缺少的一部分。工作之余,我把自己教学中的真问题以及研究的过程形成的教学反思进行整理,撰写了《遭遇"偷袭"》一文,在全国知名刊物《小学教学(数学版)》2013年第12期发表。

如今翻看自己的反思文章,有点儿成就感的同时夹杂着一些后悔!后悔很多时候,自己以太过匆忙为由,错失很多美好的灵感;因浮躁情绪的影响,让思考如蜻蜓点水般过于肤浅。有惊叹,有懊悔,有回忆的甜蜜,有往事的再现……

我感谢反思,让我可以有理由不抱怨自己的过去,更让我对明天充满激情!

反思自我,成长提升

郑州市郑东新区聚源路小学　陈红

似乎只是转瞬间,就迎来了我工作的第17个年头。回头看看,初为人师时的情景仿佛是在昨天,我把过去这些美好的琐碎的片段,重新堆积起来记忆昨天,尽管琐碎,尽管凌乱,但那也是一幅让人满意的图案!

自从来到聚源路小学,我们就开启了反思的写作,积累到今天,汇集成三四本精致的反思札记,它见证了我们共同走过的岁月,饱含了我们在这片沃土上洒下的心血,也是许多个由青涩到成熟的蜕变过程的累积。今天,曾经稚嫩的面孔变得灿烂夺目,一幅幅曾充满青涩的面孔已透露出成熟的气息,今天,曾经的一切都在悄然地变化着,唯一不变的是聚源队伍的不断前行和这个团队中每一个人的忘我投入。

过去的日子,在匆匆中忙碌,在忙碌中匆匆。直到写这篇成长反思时,才发觉过去的日子被载入这个画册,没有绚丽的色彩,也没有精美的插图,更没有精致的装帧。然而,那分明的色调,却描绘了绚丽多姿的童年乐园;那单薄的纸张,却记载了丰富多彩的校园生活;那青涩的文字却记录了过去的一切,这就是反思。

这一篇篇反思,无不值得我细细地回味,无不引领我深深地思考,无不促进我强有力地成长!正所谓:一个善于学习的人,才能够导学;一个善于思考的人,才能够导思。在我的成长历程中,不断地思考与反思,不断地感悟与提升,正是促进我成长和提高的过程和方法。很庆幸,工作之余常有反思的习惯。反思的写作曾让我苦恼过,有时候绞尽脑汁感觉还不能表达自己的所得,可是当我把这当成一种习惯,把自己的一点一滴都记录下来之后,不时翻看一下,真的好欣慰。真的感谢反思,它记录了我的琐碎,记录了我的成长,虽然文笔还很稚嫩,但却非常真实,没有丝毫的浮华。早在大学学习教育心理学时就知道,教师的工作烦琐而复杂,从事大半年的教学工作后更知道了这琐碎的细节和繁杂的事务。制订教学计划,研究教学理论,认真备课和教学,教育科研成果开发,校本教研工作的开展……但这些一点都没有影响我每月书写反思和记录成长。时至今日,我早已习惯把自己一路走来的宝贵经验和成长历程以及对新课改的深刻理解和体会永久记下,以便成为督促和鞭策自己不断成长的巨大动力和先行之鉴。

俗话说:读万卷书不如行万里路,行万里路不如阅人无数,阅人无数不如名师指路!这话一点不错。别说郑东新区,就说我们学校,也是高手如云。可以说他们要么是经验丰富,要么是见解独到,甚至有的堪称智慧天成,至少在教学这件事上显示着他们独有的魅力。身边有这么多优秀的教师和前辈,我们共同生活在一个美丽的大集体中,我们都在成长,能在团体中拜师成长和合作交流,真好!每次,在校本教研的过程中,抑或是在分享教学经验、反馈交流成长的过程中,他们都毫不犹豫地倾其所有帮助需要帮助的年轻教师,作为教育的先行者把自己的经验拿出来作为大家公有的财富一同分享、共同探讨。对于大家的缺点以及不足也都进行及时的厘清和矫正,给我们的教学工作提出宝贵的意见和建议,多亏了同伴们的互助成长和自我反思与矫正。集体的力量多强大呀,现在我们已经在个人反思和同伴互助中成长起来了。

其实我们做的还有很多很多,但是偏偏拥有的仅代表过去,只有学习力才能代表将来。学习是一种态度,反思是一种精神,只有谦卑的人,才能真正学到更多的东西和更好地反思自我。一个好的团队,也应该是学习型和反思型的团队。高尔基也曾说过:人的知识愈广,人的本身也愈臻完善。在这个充满变数的社会中,让我们以不断学习和反思的心态告诫自己,学习和反思是给自己补充能量,只有输入,才能输出。只有不断地学习和反思,才能不断摄取能量、审视自我、矫正自我,只有这样才能适应社会的发展。与此同时,我们更要善于思考,善于分析,善于整合,因为只有这样才能创新,学会用强有力的知识武装自己,利用知识的载体让我们不断地完善自己,不断地完善自己的专业水平,到达旁人无法企及的理想和高度。

虽然有时候反思给予我的成长看起来是无痕的,但是这样的成长是有益的,这让我想起一个有着近乎相同哲理的故事——成长中的苹果树。

一棵苹果树,终于结果了。

第一年,它结了10个苹果,9个被拿走,自己得到1个。对此,苹果树愤愤不平,于是自断经脉,拒绝成长。第二年,它结了5个苹果,4个被拿走,自己得到1个。苹果树很开心:"哈哈,去年我得到了10%,今年得到20%!翻了一番。"苹果树终于心理平衡了。

但是,原本它可以这样——继续成长。譬如,第二年,它结了100个果子,被拿走90个,自己得到10个。也很可能,果子被拿走99个,自己只得到1个。但没关系,它还可以继续成长,第三年结1000个果子……

其实，得到多少果子不是最重要的。最重要的是，苹果树在成长！一直在成长着，等苹果树长成参天大树的时候，那些曾阻碍它成长的力量都会微弱到可以忽略。真的，不要太在乎果子，成长是最重要的。之所以犯这种错误，是因为我们忘记了生命是一个历程，是一个整体。我们觉得自己已经成长过了，现在是该结果子的时候了，是因为我们太过于在乎一时的得失，而忘记了成长才是最重要的。

所以不论什么时候遇到什么事情，我们都要做一棵永远成长的苹果树，相信因为成长而获取的最大利润都凝结在生命中的每一步进程中。反思的过程就像苹果树成长的过程，有的时候看似无痕，但是实实在在是在成长，成长着是最重要的过程。

理想的路很长，我不知道将来还会有多少个披星戴月、风雨兼程的日子，我也不知前进的道路会有多少个顺境逆境，但我会在今后的旅途中刻苦学习、虚心请教，不断反思自我、提升自己，相信每一次耕耘时的负重都会化作收获时的厚重。

寻找最美的教育，遇见更好的自己

郑州市郑东新区聚源路小学　王娟

"一夜好风吹，新花一万枝。"作为老师，当春风暖暖地吹拂着大地，桃李芬芳，姹紫嫣红，如果家人或朋友一起去郊游、去远足，被大自然的温馨和明媚拥抱时，是否会在一瞬间生起这样的联想：和学生在一起，不就是和春天在一起吗？

产生这种想法，是在春天一个晴好的周末。那天，天空格外蓝，我和儿子到公园散步，刚到公园，老远就听见几个孩子的招呼声，循声望去，原来是几个已经毕业的学生。看见我走过来，他们蜂蝶般拥了上来，谈笑之间，和我轻松地聊起了现在的学习生活，还给我讲起了他们的小趣事、小困惑。此刻,这些纯真可爱的孩子,把我当成了他们值得信赖的朋友,畅所欲言,无拘无束。

是啊,"无寻处,惟有少年心"。孩子的心是玲珑剔透的水晶,美丽、纯净、一尘不染。因为我爱着他们,所以也收获了来自他们的快乐。我知道,有了孩子们的相伴,我就是一个在春天播种的农人,辛苦着,却也幸福着,因为我相信爱的种子一定会在春天发芽、开花,并在秋天结出丰硕的果实!

前几天无意中见到这样一段话:"如果你在春天种下的是葵花,那么秋天收获的将是一片金黄;如果你在春天种下的是小草,那么秋天收获的将是一片绿色;如果你在春天种下的是希望,那么秋天收获的将是一片成功。"是啊,只有在春天悉心播种,才能在秋天有所收获。想到2012年7月,我能在几千名骨干教师中通过笔试、面试、演讲和答辩层层筛选,最终以优异的成绩确定为省级名师,这或许不全是好运,也许和我从教以来对自己的严格要求有关,它是我在教学道路上不断成长的最好见证。

进入角色,骨干教师引领

"人学始知道,不学非自然。"登上三尺讲台,要有三丈功底。至今我仍清楚地记得,刚踏上工作岗位时的兴奋与激动。记得第一次学校组织老师听我的课,由于缺乏教学经验,当学生的回答完全出乎我的预料时,一下就蒙了,可想而知那节课以惨败而告终。不服输的我毫不灰心,搬着凳子穿梭在其他老师的课堂,虚心向其他老师请教,学习教学经验;课下潜心钻研教材,探索各种教学方法,及时进行自我反省,跟同事交流,找学生反馈。"天下事有难易乎?为之,则难者亦易矣;不为,则易者亦难矣。"我在不断的磨课、比赛中提升个人素养,个人教学风格慢慢形成。在磨课中我还渐渐领悟到通读教材、把握知识重难点及前后承接关系的重要性,知道了课前预设、课堂生成、突发情况的机智应变是一个好老师的必备要素。尤其是我的辅导老师周燕主任,她对课堂语言组织要求非常严苛,总结语必须简练、到位,错了一个字都不行。她特别注重我的台风训练和教学语言的内化,教我在课堂上要稳住再说话。学校领导非常注重培养年轻教师,经常安排我们外出培训学习,参加各种公开课比赛。"勉之期不止,多获由力耘。"在学校领导的亲切关怀和教研组同事的热心帮助下,我的教学水平有了显著提高,业务能力大大增强,每年郑州市教研室下县调研,我总是被安排上公开课。经过不懈的努力,我多次在省、市、县优质课大赛中获一等奖,并参与学校省、市课题的研究,慢慢地成长为当地的名师,被县进修学校聘请为专职教师给全县的老师开展讲座。

特别是在被聘请为县进修学校专职教师后,我又成长了许多。我对老师们迫切想提高自己各方面的水平却不得其法深有体会。于是,我开展了"如何成为一名优秀的教师""上课的艺术和技巧"等几次大型讲座和公开课展示。每次看到台下的老师舒展眉头,每次看到听课的老师绽放笑容,我都有一种如沐春风的感觉!人生因奋斗而精彩,青春因拼搏而亮丽。徜徉在教育的春天里,我满怀希望,满载阳光,用爱和感恩之心去感受身边的一切。

不断学习,实现自我超越

不登高山,不知天之高也;不临深溪,不知地之厚也。用扬弃的态度学习别人,你会发现值得学习的点特别多,思维火花的碰撞很快乐。每一次外出学习、听名家讲课都能找到自己的不足,从而反思。每一次外出学习回到学校,我都寻找契机与同事们探讨、研究学生需要什么样的教育,我们的教学理念应走向何方,我们操作的课堂模式应如何再变革。

首先是不断提升数学教学理论和数学教学知识储备。我不但订阅了三四种小学数学教学杂志进行教学参考,而且还借阅了大量有关小学数学教学理论和教学方法的书籍,尽量做到博采众家之长为己所用。在让先进的理论指导自己数学教学实践的同时,也在一次次的教学实践中来验证和发展这种理论。

其次是认真备课。作为一名教师,上好一堂课不难,但备好一堂课很难。因此,每天我都花费大量的时间在备课上,认认真真钻研教材和教法,不满意就不收工。为了令教学生动、不沉闷,我还特意准备大量的教具,这样授课时就胸有成竹了。有时准备好提前录制的视频,让学生观摩学习,学生特别用功,教学效果十分理想。由此可见,认真备课对教学十分重要。

再次是认真组织课堂教学。一堂课四十分钟,就是一个教师表演技能的舞台。上课时,本着"传道、授业、解惑"的原则,努力提高教学质量,使讲解有条理、清晰、准确、生动。我上课一定要设法令学生投入,不让其分心,这就很讲究方法了。上课内容丰富翔实,务求每堂课让学生有所获,努力使学生打好基础,培养能力,发展智慧,培养学生的正确思维方式,使其养成良好的学习习惯。

从次是要注意因材施教,做好课后辅导工作。因为数学学科特点,学生在不断学习中,会出现先进和后进分化现象,后进生面扩大,会严重影响班内的学习风气,因此,绝对不能忽视。为此,我制订了具体的计划和目标,对这部分同学进行有计划的辅导。从平时的课堂反应、课后交流、周记记录中掌握各个学生的心理状况,抓住他们的特点和个性,有的放矢地与其进行交流,及时给予关怀和关爱。善于发现学生的优点,并给予表扬;积极发现后进生的闪光点,及时给予鼓励,树立他们的自信心。只要坚持对这些学生进行辅导,他们的基础重新建立起来,以后授课的效果就会更好。

最后是要成长为一名反思型的老师。坚持写教学反思一直是我努力的方向,用心思考,自己会学到更多。我不怕烦琐,也不苛求长篇大论,有话则长,无话则短,但课后一定会及时进行总结反思,因为此时对课堂上的一点一滴还记忆犹新。坚持写教学反思,能够将课备得更好,下次备课时,可以把之前的教学反思拿出来温习,注意前车之鉴,未雨绸缪。新课程标准强调教师既是新课程的实践者又是思想者。按照新课程标准,完整的上课过程应该包括教学前的预案设计和教后的反思。因此,在新课标背景下,教师不再是仅仅满足于"今天我的课已经上完了",而应该在课后反思自己在今天的教学过程中有何得失、有何感悟,要把课后反思当成一种自觉的行为,最终达到"思之则活,思活则深,思深则透,思透则新,思新则进"的目标。反思教学中的"反思",从某种意义上讲就是使现有教学活动中的感性认识上升到理性认识的重要条件,教师通过自己的教学观念、教学方法、教学过程、教学效果等方面的反思,才能正确地认识和把握教学活动中的种种本质特征,成为一名清醒的、理智的教学实践者,成为最得力的有经验的教师。没有对自己教学经验的总结和对教学教训的汲取,对教学的认识只能停留在感性认识阶段,其教学水平也只能停留在"一般型"教师层面,不能成长为"骨干型"教师。"教学因交流而多彩,教学因反思而丰富。"正因为我坚持教学反思,才由一名普通的教师逐渐成长为省级名师。

在学习、工作、反思、历练中,面对这些稚嫩可爱的学生,我对课堂的认识和感受也逐渐发生着变化,我眼中的课堂变成了有温度的学习、交流场所,变成了孩子们发现自我不足从而不断提升的四维空间,变成了终身学习能力培养、性格品质不断完善的地方。

"桃李务青春,谁能贳白日。"回首来路,在探寻更好的数学教学的旅程中,我如骆驼一般跋涉着、忙碌着,同时也快乐着,生命之路一径花开,一路芬芳,数学的魅力难以阻挡。"长安何处在,只在马蹄下。"教无止境,学海无涯,我愿与优秀的同人一起,携手成长,向着更明亮的那方,且思且行、奋进不止!

二、科研寻源,探求教育规律

郑州市郑东新区聚源路小学是郑东新区管委会投资兴建的第一所义务教育学校,自建校以来学校一直非常重视教师教科研能力的培养与提高,通过多种途径助力老师科研寻源,探求教育规律。

(一)建立健全教科研组织,促进教研工作科学规范开展

学校成立了以校长为第一责任人、教学副校长负责的教科研组织,教科室主任、各教研组组长为成员的学校教科室,对学校教科研工作进行宏观管理、指导、调控。做到制订计划齐全、切实可行,分工明确,措施得力,确保学校教科研工作有条不紊、扎实开展。

(二)优化教研管理,扎实开展教科研活动

学校教科研工作立足实际,以新课标为导向,以教师为研究主体,以促进每个学生发展为宗旨。坚持以"学生快乐成长、教师不断进步、学校和谐发展"为出发点,以"教师个人的学习反思、教师团队的同伴互助、专业人员的专业引领"为核心要素。引领教师在理论学习中提升,在实践反思中领悟,在案例分析中突破,在互动交流中进步,在课题研究中发展,在校本研修中成长,最终走上专业发展的道路,使学校成为学习型组织,教师成为学习型成员。

1. 基于课例研究的模式

依托公开课,开展课例研究。教务处每学期都要组织四个层面的公开

课,即高级教师引领课、骨干教师示范课、青年教师成长课、毕业生教师汇报课。这样以教研组为单位,每位教师的公开课都以集体备课—讲课—评课研讨的形式围绕研讨的主题进行,通过各个层级的公开课以及主题教研活动,教师对如何把握教材、如何进行单元教学设计、如何把握学生就会变得十分清晰,因为教研主题明确,在整个公开课的过程中能够感受到大家认真的工作态度、热烈的研讨氛围。

2. 基于同伴互助的模式

聚源路小学的校本教研安排是单周集体教研,双周集体备课,规定一学期不少于16次,且每一次教研活动,各年级负责的中层领导一定会深入教研组,与教师们一起推敲研磨。从2019年开始,学校开始配餐延时工作,为确保教研和集体备课的时间,学校打破全校固定教研活动时间的常规,根据学科实际情况,自主选择确定教研时间。教研活动遵循"确定专题、学习理论、独立实践、集体讲评、总结提高"的原则,要求活动的重点应放在帮助教师把握教材、驾驭教材上,同时,教研组组长要有计划、有意识地把德育、科学的学习方法等因素渗透在每次教研活动中,反馈教学过程中发现的问题,研究改进办法。教研组内学期初根据要求确定教研备课主题,教研组内轮流主讲,每次主讲要有讲稿,确保教研活动扎实有效。

在发展中,聚源路小学已形成了不局限于在本学科固定的教研时间开展教研活动,只要有问题、有想法,教研探讨随时随地进行,各学科教学资源优化后共享,作业优化后同步,做到统一种类、统一进度、统一数量三个统一,甚至发给家长的短信都是一样的。无论是教学上的、班级管理上的还是家校合作上的,教师们都是这样做的,尤其是资深教师都愿意将自己的经验方法毫无保留地拿出来与大家资源共享。各个教研组已形成了分工合作、资源共享的良好氛围。来聚源路小学交流学习的教师共同的感受是:聚源的教研氛围特别浓厚。

特别是数学组,每天早上7:50—8:30,数学组自发形成了晨研的习惯,研讨每节课的教学目标、重点、难点,在主备课人的带领下梳理授课思路,大家你一言我一语地把课堂上可能出现的各种情况尽可能都预设出来,细细斟酌。比如,平时每节课的每个环节怎么设计更合适,每句引入语怎么说更合适,每一小题的做题格式怎么要求更合适,每道易错题该怎么讲评孩子能更好理解,绞尽脑汁想应对的策略。如何让每一个孩子都能参与到课堂上来,也是每天晨研的重点。尤其是在"双减"背景下,每天课前进行思想碰撞,如何通过教学环节的设计让学生把抽象难懂的知识吸收、消化,直到会举一反三,真正做到减负提质。除此之外,老师们都是"课本的化妆师",他们的课本上总是密密麻麻地把每节课的每个环节都写得非常细致:设计了几个教学环节?什么时候该板书?板书设计怎么写?这道题孩子们会怎么想?有时候课本上的地方不够用,他们就自己找来A4纸写完后贴在书上,教师们称之为"超级链接"。

3. 基于青蓝结对的模式

一直以来,聚源路小学非常重视师资队伍建设,而"师徒结对传帮带"是学校加快青年教师专业成长的一个重要途径。对中年教师提要求、压担子,每周都要听常态课,发现问题,及时诊断,及时研究,及时解决,公开课更是要一字一句指导,手把手教学。此外,要及时反馈青年教师在教学常规、师德等方面存在的问题并提出改进意见,帮助青年教师尽快成长成熟。认真抓好青年教师的理论学习,在教师中开展读书活动,培养青年教师的读书习惯。近几年来,通过师徒结对活动的实施,年轻教师在师父的精心指点和个人努力下取得了很大进步,已成长为学校骨干。2019年参加工作的田悦老师,在师父程晓斐老师的指导下,参加工作仅仅两年,就获得郑州市郑东新区小学语文优质课一等奖,所带班级各科成绩均在年级名列前茅。

4. 基于专业引领的模式

聚源路小学一直重视学校教科研工作的发展,花大功夫和力气邀请专家到校进行教科研方面的讲学。据相关统计,近几年学校曾先后邀请河南省基础教育教学研究室张琳、刘富森、禹海军,河南省教育科学研究所徐万山、齐云生,河南省少工委刘孟琴、冯颖林,郑州市基础教育教学研究室于昆仑、连珂、陶继红,郑州市教育科学研究所张五敏、胡远明等专家到校进行教学科研工作的指导。

5. 基于课题研究的模式

"科研兴校、科研兴教",学校以课题研究为抓手,依托教科室和专任教师形成了一支教科研队伍。学校根据实际,组成了以教研组为单位的教科研小组,努力抓好课题研究。教师们选择教学中的真问题进行研究,在研究过程中,依据自己主持的或参与的课题不断进行研究实践,教科研水平逐步提高。

6. 基于读书交流分享的模式

为了总结经验,查找不足,帮助教师们进一步明确工作目标,拓宽教育教学思路,改善教学管理方法,促进教学质量的提升,学校定期开展教育教学经验交流会。这也是聚源路小学的惯例,一般会选择在教育教学质量分析的同时进行,流程是这样的:学生期末学业成绩数据的统计、比较和分析—形成质量分析报告—召开学校教学质量分析会—召开教研组教学质量分析会—进行教育教学经验分享。在进行质量分析的同时,教务处会选择教育教学质量在同学科中名列前茅的教师做经验分享。

学校积极组织教师开展读书活动,每学期学校都会采购大量的教育教学类书籍报刊,鼓励教师读书并撰写读书笔记,自觉提高理论水平。尤其是共读的书目必进行全校的读书交流。

（三）教科研成果

在大家的共同努力下，近些年来聚源路小学教师的教科研水平显著提高，教育教学方面也取得了优异的成绩。具体教科研成果如表3-1所示。

表3-1　2021—2023年郑州市郑东新区聚源路小学课题研究获奖统计

年份	课题主持人	课题名称	获奖等级	发证单位
2021	孙瑾如	小学中高年级开展整本书阅读的教学策略研究	一等奖	郑州市教育局
2021	甄西亚	巧用课间活动架起小学师生沟通桥梁的策略研究	二等奖	郑州市教育局
2021	李庆慧	图形化编程在小学信息技术课堂中的应用研究	一等奖	郑东新区教研室
2021	杨丽娜	小学语文阅读教学中预测策略运用的研究	一等奖	郑东新区教研室
2022	周婷	"红领巾"志愿服务活动有效策略的实践研究	一等奖	郑州市教育局
2022	宋小清	培养小学中年级学生"画数学"能力的研究	二等奖	郑州市教育局
2022	郭雅丽	分级阅读提高小学中年级学生英语阅读素养的研究	二等奖	郑州市教育局
2022	贾斌	核心素养下小学数学高年级学生解决问题策略研究	三等奖	郑州市教育局
2022	苏萌	小学低年级英语绘本阅读校本课程开发的研究	结项	郑州市教科所
2022	王美华	家校共育促进学生合理使用电子产品的研究	结项	郑州市教科所
2022	于蓓蓓	字源法在小学语文低段部首教学中的应用探究	一等奖	郑东新区教研室
2022	席季妥	小学美术单元化教学中作业设计的实践研究	一等奖	郑东新区教研室

续表 3-1

年份	课题主持人	课题名称	获奖等级	发证单位
2022	刘庆华	地方文化与小学语文课外阅读融合的策略研究	二等奖	郑东新区教研室
2023	兰婷	"双减"背景下小学英语开放性作业设计的实践研究	一等奖	郑州市教育局
2023	王艳菊	"双减"背景下小学数学基于目标的作业设计现状及策略研究	二等奖	郑州市教育局
2023	刘会娟	小学高年级学生成长中情绪管理策略的探究	二等奖	郑州市教育局
2023	田娜	逆向设计在小学数学教学准备中的运用研究	三等奖	郑州市教育局
2023	武江华	小学低段数学教学中借助动手实践策略减负提质的研究	一等奖	郑东新区教科室
2023	李晶	学科核心素养导向下的小学科学单元作业设计	二等奖	郑东新区教科室
2023	黄鹏鸣	"双减"背景下利用有效提问提升小学中段数学课堂效率的研究	二等奖	郑东新区教科室
2023	杜淑菊	STEM教育理念下小学科学教学活动的研究	结项	郑东新区教科室

第四章 学生成长:"源"教育之七彩德育课程

第一节 "启源"七彩德育课程设计思路

一、课程设计背景

(一)以学生发展核心素养为基

在落实立德树人根本任务和培养全面发展的人的实践中,我们渐渐意识到,面向未来社会立身所需的综合素质已经不是简单的知识能够带来的,我们需要重新思考怎样培养全面发展的人,使学生能够适应终身发展和社会发展需要的必备品格和关键能力——核心素养,才是落实立德树人根本任务的一项重要举措。

2016年9月,教育部发布的《中国学生发展核心素养》指出,中国学生发展核心素养,以科学性、时代性和民族性为基本原则,以培养"全面发展的人"为核心,分为文化基础、自主发展、社会参与三个方面。综合表现为人文底蕴、科学精神、学会学习、健康生活、责任担当、实践创新六大素养。

聚源路小学的德育课程设计基于培养"全面发展的人",以落实三个方面、六大素养为目标,实现立德树人根本任务。

(二)以落实学校育人目标为主

"以爱为源,让每一个生命精彩绽放"是学校的办学愿景,培养"德正才高、善学乐思、身心健康的时代学子"是学校的育人目标。我们围绕育人目标、办学愿景构建课程设置,开发七彩德育课程体系。

二、课程愿景

七彩德育课程是学校实现育人目标的核心载体,我们希望七彩德育课程像"一座圆梦的桥"承载孩子们的童年梦想,通过丰富的课程内容、灵活多样的课程实施,让孩子们汲取充足的营养,成为德才兼备,拥有健康的身体和心理的时代学子,为奔向自己的"精彩人生"奠定基础。

三、课程设置

在课程设置方面,从内容上分为七个板块:红色源·臻课程为家国情怀,橙色源·心课程为多彩节日,黄色源·艺课程为精品社团,绿色源·志课程为公益责任,青色源·爱课程为家校联动,蓝色源·馨课程为社会实践,紫色源·仪课程为习惯养成。七彩德育课程分为必修课和选修课,在每个年级有不同的要求,目标由低到高、由浅入深、由少到多,指向学生的全面发展,在尊重学生个性的基础上展开,关注学生的个体差异,期望为学生的终身学习和发展奠定基础。

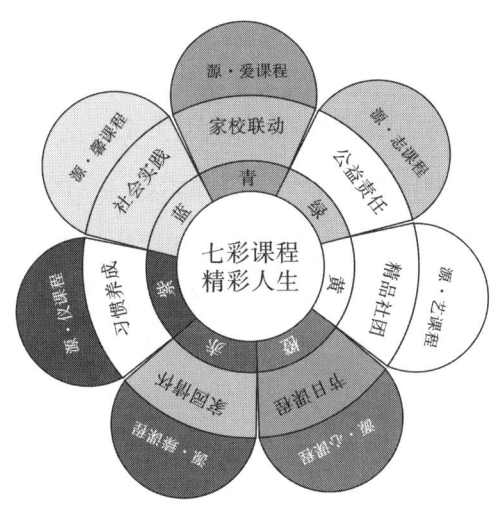

图4-1 七彩德育课程图谱

第二节 "爱源"七彩德育课程总目标

聚源路小学秉承"以爱为源,让每一个生命精彩绽放"的教育理念和"源"教育理念,正确把握党和国家对中小学德育工作的总体要求,坚持立德树人根本任务,构建以德育主导、学科渗透、文化熏陶、活动感悟为特色的德育课程一体化实施体系。

一、总体目标

育人目标:培养德正才高、善学乐群、身心健康的时代学子。以丰富多彩的校园生活为载体,着力实现"德育资源优良、德育队伍精湛、德育管理顺畅、德育氛围浓厚、德育效果显著"的目标。培育德、智、体、美、劳全面发展的新时代聚源少年。

二、具体目标

七彩德育课程是为了培养德、智、体、美、劳全面发展的社会主义建设者和接班人。该课程强调以德育为核心,注重培养学生的道德素质、创新精神和实践能力,通过丰富多彩的课程内容,引导学生树立正确的世界观、人生观和价值观,提高学生的综合素质和社会适应能力。具体来说,七彩德育课程的目标包括以下几个方面。

(一)1~2年级德育课程目标

认识国旗,会唱国歌;知道我国有56个民族;知道我国的全称、国家领导人和首都;认识中国少年先锋队队徽;知道家乡和省会;了解班级、学校基本规则;适应新环境、新集体和新的学习生活,树立纪律意识、时间意识和规则意识;培养礼貌、友好的交往品质,乐于与老师、同学交往,在谦让、友善的交往中感受友情,并且听父母、老师的话;认识常用汉字,初步感受汉字之美;初步感受学习知识的乐趣,认真听讲,动脑思考,积极发言,认真、按时完成作业;书写规范,字迹工整,且读、写、坐、立、行姿势正确;诵读浅近的童谣和古诗,获得初步的情感体验,感受语言的优美;知道中华民族重要传统节日,明白自己是中华儿女;服装整洁,勤洗手,学习简单的劳动技能;节约用水、用电;爱护小动物,喜欢大自然;初步建立规则意识,了解基本的道路交通安全常识,并初步了解各种安全标志;初步形成避免在活动、游戏中造成误伤的意识,有明确的性别意识和自我保护意识。熟知《中小学生守则(2015年修订)》,知道社会主义核心价值观的内容;初步了解传统礼仪,学会待人接物的基本礼节;初步感受经典的民间艺术;养成勤俭节约、吃苦耐劳的生活习惯和诚实勇敢、言行一致的良好品质,培养正确的思维方式;培养热爱家乡、热爱生活、亲近自然的情感;养成良好的学习习惯;具有基本的劳动技能,每天坚持运动;为节约资源、保护环境做力所能及的事;初步建立规则面前人人平等的观念;了解消防安全知识,遵守交通规则及各种公共场所活动的安全常识;学习家用电器、刀具等日常用品的安全使用方法;学习躲避自然灾害的简单方法,初步学会在自然灾害发生时的自我保护、求助及逃生的简单技能。

(二)3~4年级德育课程目标

建立对宪法的法律地位和权威的初步认知;初步了解主要国家机构、国家主权与领土面积等,增强民族团结意识;初步培养学习能力,激发学习兴趣和探究精神,树立自信,乐于学习,树立集体意识,善于与同学、老师交往,培养参与各种活动的能力,培养开朗、合群、自立的健康人格;了解自我,认识自我;了解中华优秀传统文化的丰富多彩;熟练书写正楷字,体会汉字优美的结构艺术;诵读古代诗文经典篇目,理解作品大意,体会其意境和情感;热爱运动;参与力所能及的劳动及实践活动,体会其中的快乐;正确进行垃圾分类,低碳生活;会做简单的科学实验,培养科学精神;健康、正确地使用网络;了解与陌生人交往中应当注意的安全问题,逐步形成基本的自我保护意识;初步学会在事故或灾害事件中的自我保护、求助及求生的简单技能;学会正确使用和拨打急救电话;学习当发生突发事件时听从成人安排或者利用现有条件有效地保护自己的方法;形成在遇到危及自身安全时及时向教师、家长或警察求助的意识;了解人民代表大会制度,了解国防的意义;了解中华民族历代仁人志士为国家富强、民族团结作出的牺牲和贡献;知道重要传统节日的文化内涵和家乡生活习俗的变迁;学习在生活中解决困难的方法,独立自主;学会合理表达自己的情绪,学会控制自己的情绪;建立正确的角色意识,培养对不同社会角色的适应性;增强时间管理意识,正确处理学习与兴趣、娱乐之间的矛盾;熟知社会主义核心价值观的内容;培养逻辑思维能力,勇于实践,敢于创新;主动承担家务劳动和班级事务,有集体荣誉感;掌握一项体育运动技能;用网络更好地学习,掌握安全方面的知识及自我保护技能;了解法律对未成年人的特定保护,建立对校园欺凌行为的认知和防范意识;加强对卫生和饮食常识的学习,形成良好的个人卫生和健康饮食习惯;提高自我保护意识,了解私自到野外游泳、滑冰等的危害;学习预防和处理溺水、烧烫伤、动物咬伤、火灾等基本常识和方法。

(三)5~6年级德育课程目标

了解党和国家的历史英雄人物,树立榜样;关心国家大事,了解国内国际动态;感受各民族艺术的丰富表现形式和特点,尝试运用学生喜爱的艺术形式表达情感;培养对传统体育活动的兴趣爱好;正确认识自己的优缺点和兴趣爱好,在各种活动中悦纳自己;培养学习兴趣和学习能力,端正学习态度,调整学习方法,正确对待成绩,体验学习成功的乐趣;进行恰当的异性交往,建立和维持良好的异性同伴关系,扩大人际交往的范围;真诚、宽容、友善、乐观、自尊、自律,知行合一;初步形成正确的世界观、人生观和价值观;积极参与社会实践;理解诚实、守信和友善的价值与意义;初步了解未成年人权益保护、道路交通、环境保护、消防安全、禁毒、食品安全等法律法规的基本内容;学会应对可疑陌生人的正确方法,提高自我防范意识;了解常见病和传染病的危害、传播途径和预防措施;初步了解吸烟、酗酒等不良习惯的危害,知道吸毒是违法行为,形成远离毒品的意识;了解影响家乡生态环境的常见问题,形成保护自然环境的意识和基本方法,掌握突发自然灾害预警信号级别含义及应采取的防范措施;学会理解他人,懂得感恩,逐步提高辨别是非、善恶、美丑的能力;逐步认识自己与社会、国家和世界的关系;培养分析问题和解决问题的能力,为初中阶段的学习生活做好准备;养成良好的阅读习惯,读中外名著;坚持运动,明白健康是生命的基础;初步了解常见的违法和犯罪行为,明白其危害和要承担的法律责任;初步了解司法制度,了解法院、检察院等功能与作用,能够用法律的手段保护自己和他人;知道我国加入的一些重要国际组织和签署的国际公约;加强生理卫生教育,正确处理异性关系;热爱祖国河山、了解悠久历史和宝贵文化;以实际行动爱党、爱祖国、爱人民;培养国际视野,具有家国情怀;以社会主义核心价值观作为自己的行为准则;有梦想,有信念,有追求,有抱负,立志做社会主义的建设者和接班人。

第三节 "铸源"七彩德育课程评价体系

一、评价目标要求

(一)1~2年级德育课程评价要求

加强行为习惯和道德意识的养成教育,使学生初步养成讲文明、懂礼貌、守纪律、尊师长、关心集体和他人,以为集体和他人做好事为荣的观念。

(二)3~4年级德育课程评价要求

明辨是非,识别真善美。能够较正确地看待和评价自我和他人,具有初步的自我调控能力,进一步形成自尊、自爱、自信、自强的品质。

(三)5~6年级德育课程评价要求

加强法律意识和法治观念,学会做人、学会生活、学会求知、学会创造,做阳光自信的小学生,涵育思源思进、德正才高、心怀家国、全面发展的聚源毕业生形象。

二、德育课程评价内容

(一)教师评价(实物奖章卡片)

①思想道德:聚源少年奖章、红领巾奖章、道德素养章。

聚源少年奖章:认真参与制定章目的学生活动,表现突出、作品优秀即可获得。聚源少年章目如下:传承章(清明节)、社会实践活动、劳动章(五一)、小主人章(六一)、奉献章(学雷锋)。1枚聚源少年章相当于5枚道德素养章。

②道德素养:考查学生在校表现。如文明礼貌、团结互助、乐于助人、诚实守信、热爱劳动、认真上好两操、遵守纪律、拾金不昧等内容,班主任老师根据学生平时的表现,表彰优秀学生和进步学生,每次发放1枚奖章,每位班主任每天最多发放5枚奖章。临时性全体活动,根据学校通知为表现优秀的学生颁发奖章。

③由大队委员、各班值周生成员进行常规检查,每周反馈一次,按照排名评选出文明班级并颁发奖章。

④参加各级德育评比获奖同学,按人次校级1枚奖章、区级2枚奖章、市级3枚奖章、省级4枚奖章、国家级5枚奖章。

(二)家长评价、学生评价

运用问卷星进行问卷测评,每月一次。家长可根据学生在家表现,在相应的奖章数量"0~3"枚之间进行选择。

①做懂事的好孩子。尊敬长辈、诚实守信、每天帮家长做一件力所能及的事情。

②起床、游戏、睡觉等行为要遵守合理的作息时间。

③自己的事情自己做。如衣物、文具、自己房间的收纳整理。

④各科家庭作业抓紧时间独立完成,如果自己实在不会的再去请教别人,作业写完后学会检查。

⑤每天晚上写完作业后,预习下次课的学科内容,不理解的地方用红笔进行标记。

⑥做好第二天的学具准备工作。

⑦每天坚持至少完成1项课外活动,每次至少30分钟。如阅读、练字、

绘画、朗诵、乐器等。

⑧每天坚持体育锻炼。如1分钟跳绳、1分钟仰卧起坐、50米跑、50米×8往返跑等体育项目。

第四节 "真源"七彩文明班级评价制度

一、指导思想

为全面贯彻党的教育方针,深入贯彻落实立德树人根本任务,学校以《中小学德育工作指南》为抓手,在学校"以爱为源,让每一个生命精彩绽放"教育理念下,秉承"秉德修远、成己达人"的校训,努力培养拥有好思想、好品行、好习惯的新时代少年。全校推行争创聚源"七彩文明班级"的评价制度。

二、评价内容

学校的"七彩文明班级"评价制度包括班级纪律、卫生、课间操、晨午检记录本、班级管理手册、延时配餐管理手册的评比。

三、评价时间

学校的"七彩文明班级"评价制度用于日常班级每周评价、班级月冠军评价及学期末最终评价。

四、评价细则

(一)早读检查

①卫生。地面卫生:整体干净不扣分,有少量垃圾扣0.5分,垃圾较多扣

1分。

黑板槽:干净整洁不扣分,有大量粉笔末扣0.5分。

卫生角:摆放整齐不扣分,摆放凌乱扣1分,垃圾未倒扣1分。

②纪律。班级有老师不扣分,班级没有老师且纪律很乱扣1分,值周生催促班长提醒老师进班。

③红领巾佩戴情况。一人不戴扣0.5分。

(二)室内大课间检查

①卫生。地面卫生:整体干净不扣分,少量垃圾扣0.5分,未打扫、垃圾较多扣1分。

②纪律。班级有老师不扣分,班级没有老师且纪律很乱扣1分,值周生催促班长提醒老师进班。

③红领巾佩戴情况。一人不戴扣0.5分。

(三)室外大课间检查

①除学校集体活动以外,不得缺操,无故旷操扣2分。

②红领巾佩戴情况。一人不戴扣0.5分。

(四)课间文明游戏检查

检查时间:上午第一节下课、第三节下课,两个课间检查文明游戏。

检查原则:重点在于提醒,如发现有追逐打闹、攀爬楼梯等不文明、不安全行为,以提醒为主,屡教不改并顶撞值周生扣1分。

以上扣分均须当面告知班主任或者班级干部。

不在此扣分细则里的检查项目均以督促为主,屡教不改、顶撞值周生的不文明情况要做好记录,上报给大队部老师处理。

附班主任德育小故事:

春天的小树

郑州市郑东新区聚源路小学　孙瑾如

春天的风带着花瓣吹过三尺讲台,窗外的小树,冒着嫩芽,悄悄地挺直了身板。教室里,书声琅琅,有一位漂亮的小姑娘,腾地站了起来,大叫一声:老师。同学们的读书声停了一下,又继续响起。我一边和同学们读书,一边走到她的位置上。她看着我,又准备和我说一大堆话。这些话,无非是那位女生为什么戴粉色蝴蝶结,今天太阳为什么这么大。我轻轻地跟她说,乖,先读书,一会儿下课,老师再陪你聊天。她不好意思地坐下,把书掏了出来。

这是我们班的小树同学,这个姑娘和其他同学有点不一样。几乎每一节下课,她都要来办公室找我,把自己的本子藏起来,让我帮她找;把笔全部丢到垃圾桶,说是同学拿的;和同学相处,她也总是有意无意地伤害到别人。处理这些事情,花费了我大量的时间和精力。有一次,她又故意扰乱班级秩序的时候,任课老师严厉地批评了她,还有几位同学说了一些不合适的话来指责她。小树直接在教室里大叫起来,说老师和全班同学都有病。

我知道后,第一时间调查清楚了这件事。当时已经放学,我立刻让语言不当的同学家长打电话给小树的家长道歉。当时,小树的妈妈表示女儿出现这种状况,她能理解。但是,小树的爸爸,情绪非常激动,言语很偏激。他说他忍受不了上课期间发生这样的事情,他女儿出现这种行为,是因为学校老师、同学,甚至是同学家长的排斥。并且说,以后再发生这样的事,他要让所有人付出代价。我当时没有进行任何解释,只是对他的行为和语言表示深深的理解,保证会慎重处理这件事,等我做完这些事情,我们再好好聊聊。

一天后,我再次联系了小树的爸爸妈妈。沟通之前,我列了以下提纲：

①询问小树的状况，表示关心。

②询问小树爸爸的情绪如何，说明学校老师、同学、同学家长平时并没有排斥小树。

③班主任对这件事情的处理：批评言语不当的几位同学，让他们当面道歉，并告知其家长；开班会，发起关爱活动。

④询问还有其他什么诉求。

沟通后，小树的妈妈很赞同老师的做法，也很感谢学校对她女儿的特别关注。小树的爸爸也对学校的做法表示赞同，并告诉我，小树的爸爸妈妈在家里老吵架，小树的妈妈脾气暴躁，受不了的时候也会打她。小树的爸爸跟我聊了很多，说自己曾经想过把小树送人，可这是自己的亲生女儿呀，自己都保护不了，别人又有谁去爱她。动情之处，小树的爸爸声泪俱下。

到此为止，这件事情才算画了一个句号。第二天去班里，小树怯怯地看着我，身体紧紧地趴在墙上，脸贴在瓷砖上，蹭来蹭去。我当时眼泪都在眼眶里打转，这个小姑娘，太让人心疼了。

接下来，针对小树，学校建立了特殊学生帮扶档案，梳理了小树一直以来的表现。校领导和我一起，又跟小树的家长做了一次深入全面的沟通，并给小树的家长提出了一些合理的建议。这次以后，在家里，小树的父母对小树温和很多，还带小树去看心理医生，进行了定期的合理治疗。在班里，我支开小树，进行了一次以"关爱"为题的班会，让学生懂得每个人都不同，每个人都有自己的优点和缺点，我们要学会宽容、接纳。我在班里放了一个爱心盒子，盒子里放了很多晶莹剔透的水晶心。同学们帮助小树一次，就可以拿走爱心盒子里的一颗水晶心。随着同学们手中的水晶心越来越多，小树脸上的笑容也如春日的阳光，越来越明媚。

我发现小树的字写得很好,就经常夸赞她,还把她的作业展览出来,让同学们学习。我发现小树的绘画很精彩,就鼓励她画出优秀的作品送给我,送给同学们。我发现小树对设计服装很感兴趣,就推荐小树参加学校的华服社团。平常我跟社团老师积极沟通,积极配合社团老师,在社团老师的帮助下,小树的华服作品设计还获得了学校一等奖。

小树那些稀奇古怪的语言和行为越来越少。即便出现,她也能很快意识到自己不对,让自己慢慢冷静下来。

其实,每一位班主任都会遇到这样的小树,而班里的一个个孩子,哪一个不是一棵棵小树呢?我们每一位班主任,都是带着更多的细心、更多的爱心、更多的耐心,陪伴着这一棵棵小树,和他们一起,栉风沐雨,相互成就,共同成长。

心如花木,温暖而生。每个孩子都不同,每个孩子都很好。作为班主任,要成为一个闪着光芒的超人。这光芒能照亮孩子们的笑容,能照进孩子们的心田。

与孩子们相处,应该像春风一样,带着向上生长的力量,温柔且坚定。具体做法如下:

①用心看见。看见每个不合理行为背后合理的需求,看见每位孩子对被认可的渴望。

②倾情以待。真诚地对待孩子,让孩子感受到被爱的温暖,从而愿意敞开心扉,接受老师的教导。

③循循诱之。孩子的成长,像小树一样,是一个漫长的过程。不良行为的改变也需要班主任耐心,长期的陪伴。

热爱成长　幸福担当

郑州市郑东新区聚源路小学　刘会娟

你劳作时,你充盈了大地遥远的梦境。

而当那美梦实现时,它会属于你。

你劳作不息时,你才置身于真爱的生命中。

而通过劳作去热爱生命,才是通晓了生命的真谛。

——题记

从事语文教学工作和班主任工作27年,我一直烦恼在其中,快乐在其中,成长在其中,奉献在其中。

我是教育战线上的一名老兵,深爱着自己的本职工作。在新的时代,心怀爱国之情、强国之志,乐于学习,持续成长。在成长中默默耕耘,幸福担当。我将心理学的一些理论和技能灵活贴切地运用于工作中,积累了较为丰富的案例。

案例一：读懂情绪,让爱蓬勃而生。

那是开学第三天的中午,午休时,有个学生一直哭,影响到整个班级都休息不了。当然,这不是最主要的,更让人担心的是——她要上楼,要跳楼,不想活了。她才11岁,为什么会有这样的想法呢?原因是什么?怎么陪伴她走出情绪?

我心怀真诚和好奇,倾听她说话。这个可怜的孩子沉浸在自己的痛苦情绪之中,一边哭泣,一边诉说,眼泪簌簌落下。在倾听中,她的生活场景和心理场景一点点在我眼前呈现:小小的孩子,在和家人、同学相处的过程中,经历了很多事情。她慢慢产生了一些认知,概念化了自己的经验——生活太糟了:同学嘲笑,爸爸嫌弃,奶奶重男轻女。日复一日的失落、难过、沮丧、生气、失望等情绪包裹着她,给了这个11岁的孩子难以承受的心理压力。生活中,她一次又一次地表达,表达,再表达,但是又有谁能真正懂得!毕竟,她还是一个小小的孩子!她一次又一次发出对爱的呼唤,但并没有真正被看见,期待和渴望总是不能被满足,累积的负面情绪让小小的她再也难以承受,产生了负面且危险的想法。

她说了一中午,我听了一中午。我听懂了她的抱怨、指责和眼泪,听懂了她的失落、无奈和沮丧,听懂她情绪背后的自动思维,听懂她自动思维中隐藏的期待和渴望。

在这个中午,我看到了她:这是一个太需要正确辨识和感受爱的孩子,太需要父母、师长给予有效陪伴的孩子。在她允许的情况下,我轻轻抚摸她的背部,平稳她的情绪后,陪伴这个孩子在事件细化中寻找例外的情形,用量尺问句具体化情绪和事件的等级,在觉察自动思维中调整认知。她终于平静了,躺在我办公室的床上休息了一会儿。

之后,我持续调整她的想法,并和同学、家长进行了有效沟通,运用合力,在短短一周的时间,让这个孩子感受到了来自同学、爸爸、奶奶的爱,更感受到了来自老师的懂得、相信和温暖陪伴。于是,教室内外响起了她快乐的笑声。转眼到了教师节,她做了一个小小的电子卡片,通过微信发给我:刘老师,教师节快乐!在您来之前,没有人真正懂我,我默默地独来独往。您来了,我的生活才充满了快乐和阳光。

两年多以来,在持续调整和陪伴中,她已经成长为优秀的班干部。有时,她站在班级门口,朗诵班级文化。那次,她将班级文化录制成小视频,发给我看。在上周的班级辩论赛中,她以优异的表现,赢得班级"最佳辩手"的称号。我以读懂情绪为起点,看到学生的需求,让被爱和自爱的种子在学生心中蓬勃而生,学生迎风而长!

我总是告诉自己,自己面对的是发展和成长中的未成年人。真正地爱学生,需要学习规律,运用规律,探索事情背后成长的真相。我将所学运用到陪伴学生的件件小事中,才可以真正助力学生成长,提升学生的核心素养,落实"立德树人"的根本任务。

案例二:接纳行为,在生命场景中促进成长。

修,经常被同学打报告。

因为,他经过别人的课桌时,假意拿走钢笔,逗弄同学,直至别人发怒;在同学吃午餐时,嘲笑别人吃得多,像胖猪一样;上课的时候,嬉笑着用笔戳同桌的肋骨;下课后,不在规定区域内游戏;在和同学游戏时,突然用胳膊卡住别人的脖子,以致别人脸涨得通红,甚至不能呼吸,他却哈哈大笑;炫耀自己的衣服、鞋子是名牌,嘲笑别人的衣着老土;看到别人为成绩不理想难过时,他没有同理心地讥笑;体育课和微机课,会趁老师不注意时,偷偷溜跑,让老师急得四处寻找……当老师批评他的时候,他会略有尴尬,很快就歪头、嬉笑……

那天上午,在学校前操场做课间操后,学生归队。这时,点点突然很大声地说:"你干吗?有病啊!"只见点点皱着眉头,揉着耳朵,一脸愤怒地看向修。面对这大声呵斥,修脸上出现了短暂的尴尬,在所有人疑惑、好奇的目光中,修习惯性地歪头、嬉笑。

我很清楚——问题行为的改变,首先需针对性地转变其认知,有效地提升其思维品质;其次要引导其学习和实践更好的交往方法,对友好交往有美好的情绪体验;最后要及时肯定和赞美他的努力和良好行为和想法,让转变更加坚定和长久,重建良好行为。当然,真诚地接纳他的行为,是让修坦然地承认自己的过错的第一步。

由于下节是体育课,我让点点和修出列,进行疏通和引导。

"怎么了?"我平和地问点点。"做完操后,他突然在我耳朵边大叫了一声,吓了我一跳。现在我的耳朵都是疼的!"点点揉着耳朵抱怨着。

"需要去看医生吗?要不要给妈妈打个电话?"点点摇了摇头:"已经好了一点了。"

我将目光转向修,平和地说:"是这样吗?"修嬉笑着,眼睛看着地面,点了点头。我真诚地对他们两个说:"我们也去操场吧,一边走,一边聊。"路上,我让修给点点道了歉,说自己这样做不对。

到了操场,点点去找体育老师上课了。我和修坐在草地上,阳光很好,草地绿意盈盈。

我问修:"你知道这样会让人很难受吗?"他轻轻点点头。

"你怎么会知道很难受?"

"因为以前,别人也这样在我的耳朵边尖叫过。"

"哦?那是怎样的感觉?"

"耳膜好像被震破了一样,耳朵好长时间都不舒服。"

"怎么不舒服?"

"耳朵里好像木木的,有点疼似的,很难受。"

"这件事发生在什么时候?你和谁在一起?"

……

我们静静地坐着,细细地聊着。

在这个过程中,我和修的情绪都很平和,都很稳定。我知道了修在幼儿园时被同学在耳边尖叫之后的难受感觉,以及当时害怕、委屈、无奈、愤怒的情绪。我让他在想象中,向在他耳边尖叫的同学表达了自己的心情和想法——包括对那个同学的责怪和讨厌,自己的委屈和愤怒,以及修平复情绪后对那个同学的理解和原谅。

阳光里,微风中,我让修轻轻地闭上眼睛:想象正在点点耳边尖叫的自己,是个怎样的孩子?那一刻,他面前有一条路,那是怎样的一条路?这条路上都有谁?走在这条路上,他的心情怎样?他想走在这样的路上吗？为什么？……

之后，我让修展开想象：此刻的他，已经向点点承认过错误了，承认过错误的他正走在另外的一条路上。我问：此时，这条路上的修，是个怎样的孩子？这条路上的风景怎样？路上有谁？走着走着，遇到了点点，他会怎样和他打招呼？和他玩什么游戏？有几种？点点的表情和心情怎样？……修的妈妈站在这条路的尽头微笑地望着修，妈妈看到这样的场景，会对修说些什么？修说出了妈妈对他的赞扬，那一刻，修的眼角出现了眼泪。我让他把赞扬的话不断重复给自己听。

过了一会儿，我让修轻轻睁开眼睛，问他的感受。他说："老师，世界真美好啊！"我说："是的。"说着抚了抚他的头，"去玩吧。"

过了两天，我问修："现在，你的交往能力是几分？""5分。"我笑着竖起了表示赞扬的大拇指。在那以后，修再也没有在其他同学耳边尖叫过。

我以平和的情绪、真诚好奇的态度见证了修坦然承认自己的过错、真诚道歉的过程，见证了修复的力量和成长的美好。

这件事中，我看到了修聊起事件的敞开和坦诚——他没有丝毫的逃避，多么勇敢。在选择要走之路时，他是那样清醒而坚定，这就是负责和担当。他决心改变之后，在漫长的日子里他做到了坚持，这是他的诚信，更是自信。同学和老师及时肯定和赞美他的良好行为、想法，于是转变更加坚定和长久。

这一问题行为得到了彻底的改变。修在想象中体验到了友好交往的美好情绪。在现实中，修改变了偏差行为，促进了交往能力的提升。我知道，修还有很多偏差行为需要改进。我对修、对自己充满信心，我们能创造一个又一个小奇迹。修一定能更多次地感受到世界的美好！因为，教育者以发展的眼光看待未成年人的成长，他们身上蕴藏着无限可能。

在陪伴学生成长的过程中,我一直快乐地学习着。2015年,取得了国家心理咨询师二级证书。2016年,取得了沙盘游戏师证书。2021年,考取了家庭教育指导师和高级心理指导师证书。2021年,经过考核,在河南省12355青少年服务台做心理热线志愿者。2021年5月,为学校六年级将近600名毕业生做心理辅导专题"成长为自己的骄傲",为学校六年级毕业班近600名家长做讲座"陪伴,从心开始"。2022年11月,通过考核,成为河南省12355青少年服务台的首批心理咨询师。2022年12月,为本校毕业生讲授毕业课程"我的情绪我呵护"。2023年3月,主讲聚源路校本部班主任沙龙"班级,我在!"。2023年6月,主讲聚源路小学教育集团校本部家校社家长课堂"读懂生命,绽放精彩",主持的郑州市课题"小学高年级学生成长中情绪管理策略的探究",获得郑州市二等奖。2023年,原创文章《读懂情绪,让爱蓬勃而生》被收录进郑州教育博客。2023年8月,在小会议室为一年级教师做培训"我们,与爱同行",录制的心理小课堂系列课程"我的情绪我呵护"在学习强国推出。2023年11月,加入团中央"青听益站"心理咨询师团队。2024年,参与设计的校本课程"青春飞扬,六年级心理健康教育"典型案例获得郑州市一等奖。

我是一线教育工作者,我在热爱中成长。用科学的方法来陪伴祖国的接班人,是我的职责。"卓越成长、幸福担当"是我对自己职业幸福感的承诺。我用心度过教育教学的实践岁月,愿意用自己的智慧和能力,为我热爱的教育事业全心全意地服务。

27年来,热爱学生、热爱教育的心一直在澎湃激荡:一路耕耘,一路花香,一路拼搏,一路风光。

拥抱他，接纳他

郑州市郑东新区聚源路小学　孙宗慧

2024年已经是我做班主任的第五个年头了，回想这几年的班主任生涯，想说的话有很多。班主任工作无疑是繁杂的，很多时候都很忙碌，但现在回想起来，更多的是甜甜的回忆，是与学生相处时的小美好，是突如其来的惊喜，是每一次进步的喜悦，是一起完成一项挑战的成就感。我想，班主任工作就是这样，既是挑战，也是成长，既能感受成长的喜悦，又有一些揪心时刻。主人公小何，就是让人揪心的那一位。小何在我们年级段可谓"大名鼎鼎"，从一年级开始他就表现出"与众不同"，让老师们都哭笑不得、爱恨交加。

还记得是一年级刚开学的第一周，教学重点就是对学校纪律性的强调和学生行为的规范性训练，我在讲台上一遍一遍喊口令，大部分学生虽然刚从幼儿园毕业，但是都能够听懂口令，并按照口令喊口号、做动作。老师和同学们热情地投入课堂中，口令间隙，一句"老师，我画了一个绿色的大恐龙"仿佛"银瓶乍破"般响彻教室，同学们的笑声一瞬间"水浆迸"，水势很大，枯燥的口令训练瞬间被截流，学生们松了一口气，我是一口气差点没提上来。作为一个新班主任，应对这种突发情况的经验甚少，我自然是严厉地批评了他，并勒令他认真听课。小何懵懂地嘟嘟囔囔几句后闭上了嘴巴，我没有听清他说了什么，看他不再说话，也就没有再深究。

此后，像这样在课堂上突然大声说话、正在上课时自顾自走出教室、想要上厕所的时候不举手报告而是一直踢桌子踩板凳、不按时完成作业等情况层出不穷。他不是在被批评就是在去接受批评的路上，他的妈妈渐渐成了办公室的常客。可想而知，老师和家长的教育是没有明显成效的。后来我问小何，妈妈回家是怎么跟你说的？我才知道，孩子的妈妈对他是非打即骂。当粗心的小何又一次把东西弄丢的时候，他用稚嫩的语气跟我讲，老师，因为我经常丢东西，妈妈说如果我再把直尺弄丢，就要狠狠打我，我今天不回家了，就睡在教室里。我结合一直以来对小何行为的观察和总结，意识到自己以前想得太简单了。

我又一次把小何的妈妈叫到了办公室，经过长时间对孩子行为的分析和推心置腹的沟通，孩子的妈妈终于告诉我，她和孩子爸爸离婚了，她工作太忙，对孩子投入的时间和精力太少了，她自己也发现了问题，结合小何在学校的表现，她终于决定带孩子去寻求医生的帮助。果不其然，小何总是控制不住自己违反纪律和他异于其他孩子的一些表现，是有多重原因的。不是他不愿意遵守纪律，而是他控制不住自己。我也开始了解关注注意缺陷多动障碍，也就是俗称的多动症，以及记忆力方面的缺陷性疾病。

经过多方面的尝试和慎重的思考之后，我冷静了下来。我想要和小何交朋友。他是一个很纯真的孩子，当我告诉他我们两个要成为好朋友好好相处的时候，他就开始给我带棒棒糖，说他有很多棒棒糖，好朋友要分享。我就又跟他说，那好朋友的话你听不听？他回答得很快，听！这个"听"字掷地有声。而且我告诉他，以后如果再违反纪律，让他自己来说应该怎么办，他得到了尊重，脸上的笑容越来越多。但我知道想要改变是没有那么容易的，我做好了长期准备。慢慢地，我发现我能看到的不只是小何的缺点了，他在我的眼中不再是一个"警报器"，他开始变得纯真、可爱，知错能改，他变成了一个丰富多彩的孩子。那我呢？也不再焦头烂额，不再愁眉苦脸，不再唉声叹气。

二年级的一天，小何告诉我，他只记得妈妈、爸爸和我的名字，我真的很感动，要知道至今他也叫不出班里大多数孩子的名字。三年级快结束的时候，他偷偷告诉我，他要当哥哥了，他以后会跟弟弟妹妹分享自己的玩具,我由衷觉得,这个孩子一直在成长。四年级,他的妹妹出生了,问题也接踵而至,他的妈妈没有那么多的时间去管他了,他又开始故态重萌,他变得更加敏感多疑,上课不认真听讲,课下不完成作业。了解到他的情况之后,我和他的妈妈进行了一次促膝长谈,他妈妈也很不容易,分身乏术。我想,一个孩子如果不能在家庭生活中获得满足,那么在学校的生活中,我应该尽我所能,帮助他。在这之后,我开始关注他的状态,课堂上督促他认真听课,课下提醒他完成作业,并且适时鼓励和奖励他,教导他理解妈妈的苦衷,学会替大人分担。不得不说,虽然这个孩子有一定的缺点,但他是个孝顺的孩子,他的积极改变,与家庭有莫大的关系,这是一个懂得感恩的人。五年级,他交上来的作业虽有不少问题,但态度端正,还与老师们分享他妹妹的生活,小婴儿在他口中非常可爱。其实,我们都很清楚,要改变一个学生太难了,他依然不能很好地坐在位置上听课,依然有作业跟不上的现象,也依然会调皮捣蛋惹人生气。而我想,只要我日复一日对他的督促有一点点成效,那么就是某种意义上的成功。

　　五年,与其说是小何个人,或者是孩子们的成长,不如说是我的成长历程。和他们每一次的斗智斗勇,是孩子们的进步,更是我的进步。感谢小何,感谢孩子们!是他们让我以更加科学、更加积极、更加乐观的心态面对工作中的挑战。是他们成长的快乐感染了我,让我与他们一起保持少年的心态。我也在班级工作和生活中学会了接纳,学会了正视困难,积极进取,拥抱更加灿烂的明天。

第五章 追本溯源,当"源"文化融入校园景观

2006年8月,郑州市郑东新区第一所公立学校郑东新区聚源路小学正式成立,至今已成为郑东新区窗口学校。聚源路小学以"秉德修远、成己达人"为校训。"成己"语出《中庸》:"成己,仁也;成物,知也。性之德也,合外内之道也,故时措之宜也。"成己,就是指完善自我,这是仁;成物,就是指完善事物,这是智。仁和智是处于本性的德行,是融合自身与外物的准则,所以要适时施行。"达人"语出《论语》:"夫仁者,己欲立而立人,己欲达而达人。"孔子说:"所谓仁德的人,应该使自己有所作为,也使别人有所作为,自己事事通达也帮助别人通达。"聚源路小学正是这样,全体教职工爱岗敬业、严谨踏实、乐于奉献,在完善自身美德与修养的同时,培养了一批又一批优秀的聚源学子。

第一节 坚守"源"理念,怀初心育人

一、校徽——聚文化之源,融生命之彩

校徽设计从"聚源"二字出发,"聚文化之源,融生命之彩"是这个LOGO

(见图5-1)设计的创意源头。整体标识将"聚源"两个字的首写字母"jy"不露痕迹地融入整体图形中,"j"成为一只引颈回首的凤凰,而众多代表文化之源的"y"幻化成凤凰的羽翎,整体成为一只翩然起舞的凤凰造型。而每个"y"形羽翎,又成为舞动生命的聚源人,寓意将"文化之源"的精彩融入聚源人的生命之中。整体标识形态犹如温润如水的美玉,代表了生命之源的汇集,寓意"聚源教育"如水之品,温润滋养着生命的成长。

聚源路小学原创的艺术字体,圆润灵动,既带有中国传统符号的韵味,又具有国际化美学的格调。灵动的图形,静雅的文字,一动一静相得益彰。

图5-1　郑州市郑东新区聚源路小学教育集团校徽

二、校歌——以育人为本,逐梦创辉煌

校歌,作为学校文化的重要组成部分,承载着深厚的历史底蕴、教育理念和师生情感。每一所学校的校歌都有其独特的意义与内涵,它不仅仅是一首歌曲,更是一种精神的象征。

当我们听到那悠扬的歌声在校园中回荡，心中不禁涌起一种特殊的情感。这首名为《有源相聚》(见图5-2)的校歌，不仅仅是一首歌曲，更是学校文化、历史与精神的象征。歌词中"愿每一朵花都能自由绽放，开出万千绚丽色彩各芬芳"展现了学校对每一个学生的期望。在这里，每一个学生都被视为一个独特的个体，拥有无限的潜能和可能。学校希望每一个学生都能够找到自己的兴趣和方向，像花儿一样，自由、灿烂地绽放。"愿每双翅膀都能勇敢去飞翔，有源相聚有缘分享创辉煌"则是对学生们未来的鼓励和祝愿。学校希望学生们能够勇敢地追求自己的梦想，不畏困难，敢于

图5-2 郑州市郑东新区聚源路小学校歌歌词

挑战。同时，学校也强调团结与合作的重要性，只有团结一心，才能创造出更加辉煌的未来。而歌词中的"师者秉德修远，桃李满天香"则是对学校教师的赞美和期望。教师不仅是传授知识的人，更扮演着引导学生成长、塑造学生品格的重要角色。学校希望教师能够秉持高尚的道德品质，不断追求教育的卓越，为学生的成长和发展贡献自己的力量。此外，歌词中还提到了"学识传八方，为祖国，为家乡，我辈担当"的理念。这既是对学校学子的期望，也是学校的教育理念。学校希望学生能够拥有广博的知识和技能，为祖国的繁荣和家乡的进步贡献自己的力量。同时，学校也强调学生的社会责任感和担当精神，希望他们能够在未来的生活中，成为社会的中坚力量。总的来说，《有源相聚》这首校歌不仅仅是一首歌曲，更是学校文化、历史与精神的象征。它传达了学校对学生的期望、对教师的赞美以及对教育理念的追求。在校园中，这首歌曲不仅激励着学生们努力学习、追求梦想，也提醒

着每一个人要珍惜在学校的时光,努力成为一个有品德、有学识、有担当的人。

三、"三风一训"——以环境育人,沁润学子心

聚源路小学"三风一训"(校风、教风、学风,校训)墙(见图5-3)的墙面造型和学校校风、校训内容相结合,使墙面更具文化气息,视觉效果更加协调。

图5-3 郑州市郑东新区聚源路小学"三风一训"墙

校训:秉德修远,成己达人。

此两句话均出自名篇——《九章》《离骚》《论语》,内涵深邃,立意高远。用作校训,意指教师应具有高尚的品德和长远的目标追求,在成就自己职业生涯的同时,坚持五育并举,培养出德、智、体、美、劳全面发展的社会主义建设者和接班人。

经验应当延续,文化需要传承。作为校训,"秉德修远,成己达人"八个大字已在聚源师生的心中深深打下烙印,被大家广泛认可并自觉践

行,它体现出的思想和价值将永远激励聚源路小学师生接续奋斗,躬身前行。

校风:思源思进,追求卓越。

思源思进:出自"落其实者思其树,饮其流者怀其源"。在教育教学中,我们要回归教育本源,不忘初心,坚持儿童立场,遵循教育规律,为每个学生提供最适合的教育;我们还要善于在继承中转化,在学习中超越,以与时俱进、拼搏进取的精神面貌迎接未来之挑战。

追求卓越:作为聚源路小学的教师,我们要严于律己、敬业修身,当好学生人生道路的领路人;作为广受认可的郑东新区名校,我们要以高质量办学为目标,提高站位,加强融合,树立集团各校区命运共同体意识,在发展的道路上创优争先,追求卓越,做郑东新区教育的领航者。

教风:严谨治学,以爱育爱。

"严谨治学"是教师完成教育教学任务、担当教育使命的首要条件,更是人民教师必备的思想和品德。一是要勤奋学习,深耕不辍,锲而不舍,博采众长,构建精深宽厚的知识结构。二是要认真细致地向学生传授知识,坚持真理,求真务实,做到循循善诱、诲人不倦。

在聚源路小学,每一个孩子都是一颗闪亮的星,秉承学校"以爱为源,让每一个生命精彩绽放"的教育理念,我们以爱为源润童心、五育融合育新人,根据学生的成长规律,落实五育并举,培养学生成为全面发展的新时代聚源好少年。

学风:惜少年时,日新又新。

"恰同学少年,风华正茂!"少年时期是人生中最宝贵的时光,聚源学子要想顺利接过时代的接力棒,必须加倍珍惜少年时光,以时不我待,只争朝夕的精神发奋学习。

"苟日新,日日新,又日新。"当今世界竞争激烈,唯有坚持学习,勤于自省,勇于创新,不断超越,才能顺应时代发展,才能实现少年心中"浮舟沧海、立马昆仑"的远大理想。

四、理念墙——润物无声,潜移默化

聚源路小学理念墙(见图5-4)以书本展开的造型呈现,采用"书本"的造型是寓意知识与智慧,用两篇文字内容激励学校学子端正学习态度,在学习上不断追求进步,勤于探索,勇于创新。造型中放大"德、源、学、爱"四个大字突出学校教育理念。

图5-4 郑州市郑东新区聚源路小学理念墙

爱是教育的源泉,有爱才有教育。作为教师,只有心中有爱,眼里有光,才能唤醒学生的求知欲,激发内在的潜能,彰显教育的巨大力量。正所谓:春秋更替润育桃李,师德大爱永留心田。

第二节 以"源"为根,一景一育人

在教育的广阔天地中,环境作为一种隐性教育资源,其育人作用不容忽视。学校以"源"文化为根基,通过精心打造人文景观,让学生在美的熏陶中茁壮成长。

一、孔子圣像

学校中心广场矗立着一尊庄严肃穆的孔子像(见图5-5)。孔子,作为儒家思想的代表人物,其智慧与品德历经千年仍熠熠生辉。孔子像不仅是对传统文化的尊重与传承,更是对学生进行品德教育的生动教材。每当学生经过这里,都能感受到孔子的智慧之光,激发他们对传统文化的兴趣与尊重。

图5-5 郑州市郑东新区聚源路小学孔子圣像

二、真善美石塑

在校园的一角,一组以"真善美"为主题的石塑(图5-6为该组石塑之

——求真石塑)引人注目。这些石塑以简洁的线条和生动的造型,诠释了人类对美好品质的追求。它们不仅是校园中的一道亮丽风景,更是对学生进行价值观教育的重要载体。通过观赏这些石塑,学生们能在潜移默化中树立正确的价值观,追求真善美的人生境界。

图5-6　郑州市郑东新区聚源路小学求真石塑

三、艺术圆厅

本着"以爱为源,让每一个生命精彩绽放"教育理念,结合圆厅主体圆弧造型设计了学生风采展示区域(见图5-7)。采用多边形划分区域,加入多种颜色点缀拼接,既展示了学生参与各项文艺活动的精彩瞬间,也增加展示学生作品的板块,形成一个不一样的视觉效果,整个空间更加丰富饱满。

图5-7　郑州市郑东新区聚源路小学艺术圆厅

第三节 传红色基因,党建铸师魂

一、师德风采初心不改

师德是教师对教育事业所表现出来的专业素养,是基本的道德要求。师风是教师发挥自身榜样作用的表现,是潜移默化中教育学生的标杆。聚源路小学的老师面对的是一群纯真可爱、活泼灵动的小学生,他们如鲜花般烂漫,如朝阳般灿烂。教师就是学生的榜样,一言一行都要为学生做好表率,与学生心与心交流,情与情碰撞,春风化雨般呵护他们,用爱心浇灌每一朵花,用真情托起每一个太阳。

师德师风墙(见图5-8)用爱心的形式展现了教师们的仁爱之心,用教师、学生的剪影以及温暖的色调体现了"严谨治学、以爱育爱"的教风,在师生之间搭建起一座爱心的桥梁,用潜移默化的精神力量让聚源学子终身受益。

图 5-8 郑州市郑东新区聚源路小学师德师风墙

二、传递聚源红色温暖

传递爱心,传播文明,志愿者服务将这种爱心和文明从一个人身上传到另一个人身上,最终在聚源路小学这个大家庭会汇聚成一股强大的暖流,流淌在我们整个校园,流入我们每一位师生的心田。

学校聚源红志愿者之家(见图5-9)的设计有三大特点:

一是以"志愿传递文明,服务成就精彩"为主题,以温馨时尚的设计为主调。

二是以简洁的造型和别出心裁的摆放,打造温馨、时尚的志愿者主题空间。

三是全方位展示本校师生在参与志愿服务、建设美丽校园中作出的卓越贡献。

聚源红志愿者之家用精神文化食粮为活动助力,深化志愿者服务内涵,拓展志愿者服务领域,扩大志愿者服务队伍,打造志愿者服务口碑,让每位志愿者心怀感恩,服务大众,为社会文明奉献力量,为和谐校园添砖加瓦。

图5-9 郑州市郑东新区聚源路小学聚源红志愿者之家

三、党建铸魂不负使命

在学校教育教学中,党建工作有着非常积极的作用,它不仅能够促进学校的教育工作,还能够助力于校园文化的建设。思想引领文化,文化传播思想,二者相辅相成,共同助力。学校凝心聚力加强队伍建设,坚持立德树人根本任务,持续推进学校育人品牌,培养了一大批优秀的老、中、青师德模范,办老百姓家门口的好学校。

学校党建阵地(见图5-10)以"精神谱系"和"最美河南"多元而又独特的党建文化,传递红色力量;同时造型采用了动感的线条,体现一种活泼而又不失稳重之感。使学校的校园文化的品位和特色得到提升,同时也以党建的核心力量引领教师,在党旗下奋起,活力向前、勇往直前、不忘初心、砥砺前行。

图5-10 郑州市郑东新区聚源路小学党建阵地

第四节 "源"基地建设,实践育新人

一、校园气象站

校园气象站(见图5-11),顾名思义,是一个位于校园内的气象观测站,

用于测量和记录气象数据,帮助师生们更好地了解天气状况,提高应对自然灾害的能力。

校园气象站的主要功能是收集和发布气象信息。它配备了各种专业仪器,如温度计、湿度计、气压计、风速计等,能够全面监测气温、湿度、气压、风速等气象要素。此外,气象站还具有自动记录和远程传输数据的功能,使得气象信息能够实时传递给师生们。

除了基本的气象观测功能,校园气象站还有预警和应急响应能力。当遇到极端天气条件,如暴雨、大风、冰雹等天气时,气象站能够及时发出警报,提醒师生们采取必要的防护措施。此外,气象站还能为学校的应急响应提供准确的气象数据支持。

校园气象站的建设不仅有助于师生提高安全意识,还能促进学校与气象部门的合作。通过校园气象站,学生们可以实际操作了解气象观测设备,培养科学素养和实践能力。同时,气象部门也可以通过校园气象站提供的实测数据,更好地了解当地的天气状况和气候变化趋势。

总之,校园气象站是一个集教学、科研、防灾减灾于一体的综合性项目。它不仅为师生们提供了准确的气象信息,还为社会服务和学校的科学发展提供了有力支持。

图 5-11 郑州市郑东新区聚源路小学气象站

二、思源农场

以劳树德,以劳增智,以劳强体,以劳育美。思源农场(见图5-12)作为聚源路小学劳动课实践基地,以劳动促心智、以实践求真知,突出饮水思源的教育理念,感怀不忘"劳动创造生活"的初心,帮助学生实践性地解读"源"课程丰蕴文化,充分发挥劳动培根铸魂、启智增慧的作用,鼓励学生思源思进、热爱劳动、感恩生活。

图5-12　郑州市郑东新区聚源路小学思源农场

三、光伏发电房顶

在绿色低碳教育与低碳生活的号召下,在河南省教育厅办公室印发《关于利用学校屋顶进行光伏发电开发的通知》的引领下,聚源路小学加强校园低碳装置和环境文化建设,建设了光伏发电房顶(见图5-13)。光伏发电是利用太阳能将光能转化为电能的一种方式。在光伏发电中,太阳能电池板被安装在房顶或其他合适的场所上,以最大程度地吸收阳光并转换为电能。

对于学校来说,房顶是一个非常理想的安装位置,因为它通常是一个较大的空间,可以容纳更多的太阳能电池板。在小学校园里,光伏发电房顶可以作为一种可持续的能源解决方案应用,帮助学生了解可再生能源、太阳能发电和环保知识,让学生对低碳科技有更清晰的认识。

"学校+光伏"的概念,正逐渐走进我们的生活。提高校园可再生能源利用比例,已经是"双碳"目标下的发展趋势之一。

图 5-13 郑州市郑东新区聚源路小学光伏发电房顶

四、梦想小剧场

梦想小剧场(见图 5-14)位于新楼二楼一个室外平台,在这里孩子们可以自由地展示自我,以梦为马,不负韶华。背景设计以中英文搭配,用英文变形形成大小不一的排列感,加上色彩搭配的浮动视觉,穿越绿色林间的空间想象。这里成了孩子们放飞梦想的舞台!

图5-14 郑州市郑东新区聚源路小学梦想小剧场

附文:

聚源情怀

郑州市郑东新区聚源路小学 席季孪

从2008年走来,

穿越历史浮尘,静立而息。

在2024年回望,

一路风雨兼程,熠熠生辉。

聚源情怀在哪里?

在熟悉的同事们的脸庞上;

在办公室,那张坐了十六年的棕色办公桌前;

在两旁种满了树,开满了粉色小花的那条校园小道上;

在清晨里、夜幕下,一起漫步于操场、散心畅聊的欢声笑语里;

春天的阳光,透过刚刚发芽的嫩叶,轻轻地洒在校园之上。那一刻,校园仿佛是一块画布,被光影的笔触勾勒成宁静而美丽的画卷。

等美丽的金秋再次铺满校园时,我在这个日新月异的校园工作、生活就整整十六年了。

站在学校的大门前,仿佛沉醉于一个古朴典雅的公园,凝视校门,一根根银色的大圆柱,庄重恢宏,磅礴大气,这是其他小学缺少的感觉。"暮去朝来淘不住,遂令东海变桑田。"此情此景让我心潮澎湃,热血沸腾,短短十几年时光,学校发生了翻天覆地的变化。

走进校园,崭新的"以爱为源"四个大字立于眼前,无数学子沿着一块块方形的地砖,通过这扇门走向开阔,走向遥远,走向"一览众山小"的极顶,在他们心中,这是一扇智慧之门,一扇成功之门,一扇凯旋之门。低头俯瞰,大门两侧的花圃里不仅有翠绿欲滴的茵茵小草对日浅笑,还有小兔子、小鹿、名言警句等温馨的人文景观,每天笑迎师生们的到来,见证学子们接受光阴的洗礼,一天一天茁壮成长。静心倾听,有鸟儿在风中歌唱,细细体会,它们似乎在为校园读书声伴奏。

来到学校前操场,这里是孩子们课间做游戏的广阔空间,两旁绿树如荫,有毕业班的孩子们送给母校的孔子像,静静地站在那儿,为这一处活泼的景致增添了一抹书香气。大柱子左侧的墙壁上金色的"携手同行,共创辉煌"八个字,道出了我们的心声,也是我们拍照打卡的明星墙。墙上挂满了金色的牌匾,是学校的荣誉墙。微风拂过,带来的清新芬芳浸润着校园生活的点点滴滴。校园内外的一棵棵小树,见证了我的成长,承载了我的梦想。在欣赏校园的美丽和宁静的同时,感受生命的宝贵和脆弱。

走进教学楼,映入眼帘的是让人赏心悦目的校园文化,每层楼统一的色调、装饰。每个班级个性化的作业展示彰显了班级文化。潜移默化的隐性教育,既以理服人,又以情感人,实现入芝兰之室久而自芳的效果。

看着那熟悉的三尺讲台,我仿佛穿越了时光的大门,重新成为那个充满梦想和热情的大学毕业生,顶着8月的艳阳,和14名怀揣着梦想和希望的新聚源人坐在来聚源路小学报到的大巴上,心中涌动着对新生活的无限憧憬。

在这里,我是一名美术教师,对于学校和学生,始终怀有一颗满怀热情的心。这里,是我成长的摇篮,培养了我的坚忍、坚持和毅力。因此,我一直秉持着对学校的深厚感情,对学生的深切关怀,全心全意投入工作中,每次活动都和组内的同事们像打仗一样——为学校各种展示绞尽脑汁想创意,别出心裁出作品,各类市场购原料,天寒地冻守展位,都给我们留下了深刻的回忆。每学期协助大队部进行开学礼、端午节、清明节、儿童节、国庆节、科技展示、作业展示等等活动。夜里整理图片和视频,点鼠标点到怀疑人生。平时绘制参观、迎检的各种欢迎板报,为班级设计黑板报,帮助上公开课、优质课的同事们做教具。这些常态工作是领导与同事们对我的信任,我也因此收获了许多。学校"以爱为源"的教育理念和"秉德修远,成己达人"的团队合作精神是我工作中前行的动力,一直贯穿着我的教学之路。在这个充满爱和关怀的校园里,我得以茁壮成长,也能够继续培育新一代的学子,引导他们走向未来。

下班后,没有赶着打卡下班,在后操场上停留了片刻,环顾一周,感觉十六年来,它似乎没有变化,却又变化了很多,努力地回忆了一番,逐渐清晰起来:校园里的路,原来是灰色的水泥地,尤其是挨着饭堂的那一段,每年开学,都会修补,修修补补,很多补丁。现在的是新铺的湛蓝色的,像蓝色的海洋,虽然我说不准用的什么材质,但是颜色搭配很和谐。我用脚来回摩擦了几下，表面的纹理增加了它的摩擦系数，明显有防滑性能，学生运动跑步减震、舒适。

　　回过头看，北侧是学校这两年新建的餐厅。午餐，关系到学生的营养与健康，更是社会和家长们最关注的话题。为确保舌尖上的安全，学校牢固筑立了校园食品安全防线，为聚源学子的成长保驾护航。说到饮食，让我又想到饮。这几年，办公室、走廊里都安装了壁挂式直饮机，开水、温水随时能够满足教师和孩子们的喝水需求，冷暖自取。用发现美的眼光驻足停留，用真善美的情怀抬头观望，怀着至诚至爱的心品味所有，才会感觉我们原来如此接近幸福，趋向美好。

　　在这个英才辈出的校园里，我无时无刻不在感受着变化，对于这些大大小小的变化，我有说不尽的感慨，道不完的赞美，都化作一句祝愿——祝我们伟大的祖国繁荣昌盛，愿我们聚源的明天更加美好！

　　"路漫漫其修远兮，吾将上下而求索"是我一直追求的境界。用自己对教育事业的热忱之心，充实着自己，丰富着学生。如今学校已然成为我的第二个家。在这里工作和生活，让我有着强烈的幸福感和归属感。我将一直怀着感恩之心，继续热爱教育，传递希望，培育未来。

　　　　情怀，是一场春雨；
　　　　情怀，是一股暖流；
　　　　迎着朝阳，披着月光，
　　　　追逐时间，细数星辰。
　　　　一群相亲相爱的聚源人在这片土地上奔跑，
　　　　肆意挥洒着汗水，
　　　　浇灌着有关于理想的肥沃土壤，
　　　　诉说着最美的聚源情怀。

我眼中聚源的变化
——校园新面貌

郑州市郑东新区聚源路小学　谢娇

学校不仅是知识的殿堂,更是学生品格形成和价值观塑造的摇篮。我进入聚源工作以来,可以感受到聚源在环境育人方面进行了诸多尝试,尤其是校园环境的改造,为学生创造了一个更加美观、富有教育意义的成长环境。

孔子像:精神引领与文化传承

孔子像作为校园内显眼的景观之一,不仅美化了校园环境,更承载着深远的教育意义。每当我经过孔子像前,都会感受到一股庄严肃穆的气氛,仿佛能听到孔子教导我们的声音。孔子像的设立,不仅是对传统文化的传承,更是对学生品德教育的有力引导。它提醒着学生,要尊重传统、崇尚知识、注重道德。

真善美石塑:审美教育与价值观塑造

真善美石塑以其独特的艺术形式和深刻的内涵,成为聚源另一道亮丽的风景线。石塑以真善美为主题,通过石刻的艺术手法将自然和人类文明相融合,展现了人类社会的核心价值观。学生在欣赏这些石塑的过程中,不仅提高了审美能力,更在潜移默化中接受了真善美的熏陶,有助于形成正确的价值观。

学生风采墙:自信展示与共同成长

学生风采墙是展示学生个性和才华的平台。在这里,聚源学子可以展示自己的照片、作品和荣誉,增强了他们的自信心和归属感。成为我眼中最为亮眼的存在。同时,学生风采墙也是促进学生间互相学习和交流的重要场所。每当看到墙上展示的优秀作品和荣誉,学生们都会受到激励和鼓舞,激发他们更加努力地学习和成长。它不仅是校园文化的展示窗口,更是学生自信与成长的见证。

学生风采墙以其丰富多彩的展示内容,展现了聚源学子独特的个性和才华。这里有他们阳光的笑容、有他们获奖的荣誉、有他们创作的作品……每一张照片、每一个瞬间都诉说着学生们的故事,展现着他们的风采。这堵墙,不仅仅是一面墙,更是一个个鲜活、生动的个体在这里留下了自己的印记。

学生风采墙为学生提供了一个展示自己的平台。当看到自己的作品或照片被展示在这里,学生们会感到被认可、被尊重,从而增强自信心,激发更多的创造力和潜能。

学生风采墙成为学生们互相学习、互相交流的新场所。他们在这里欣赏彼此的作品,分享彼此的故事,从而增进彼此的了解和友谊,促进校园文化的多元发展。

学生风采墙上的优秀作品和荣誉,对其他学生而言是一种激励和鞭策。他们可以从这里找到榜样,找到目标,从而更加努力地学习和成长。

学生风采墙上的作品多种多样,既有绘画、摄影,也有各种活动中飞扬的身姿等。这些都展示了学生们的审美和创造力,也激发了其他学生的审美意识和创新精神。

学生风采墙不仅美化了校园环境,更在潜移默化中影响着学生。它让学生们更加自信、更加团结、更加有创造力。我相信,在未来的日子里,学生风采墙将继续发挥其独特的作用,成为校园中一道亮丽的风景线。

学生风采墙是学校文化建设中不可或缺的一部分,它展示学生的个性与才华。这堵特殊的墙不仅仅是一个展示平台,更是领略学生和体现学生的个性与才华的区域,无论是音乐、舞蹈、绘画、书法还是其他艺术形式,学生们都可以在这里展示自己的才艺。这些才艺展示不仅体现了学生的艺术天赋和创造力,更展现了他们独特的个性和魅力。

在风采墙上,学生们还可以展示自己在科技、学术等方面的创新成果。这些成果可能是科研项目、发明创造、学术论文等。它不仅展示了学生的学术水平和科研能力,更体现了他们在面对挑战时的勇气和创新精神。学生还可以展示自己的创意作品,如手工制作、创意设计、模型制作等。这些作品既体现了学生的动手能力和创造力,也展示了他们对美的追求和对生活的热爱。这也是学生展示个人兴趣爱好的地方。学生们可以在这里介绍自己的兴趣,如摄影、旅行、阅读等。这不仅有助于其他同学更好地了解他们,也体现了学生丰富多样的个性特点。它不仅展示了学生的社会责任感和实践能力,也体现了他们勇于挑战和拓展自我的精神。

除了个人成就外,风采墙还注重展示团队合作的成果。学生们可以在这里展示他们在团队项目中的贡献和团队合作的成果。这不仅体现了学生的团队协作能力,也展示了他们在集体中的价值和影响力。

由此可见,学生风采墙通过多个方面展示了学生的个性与才华。它不仅为学生提供了一个展示自我、交流学习的平台,也激发了他们的创造力和进取心。在未来,我们期待更多学生能够在风采墙上留下自己独特而亮丽的印记。

聚源环境的变化对学生成长具有深远影响,不论孔子像、真善美石塑还是学生风采墙等景观的设立,都在潜移默化中引导着学生的思想和行为,同时美化了校园环境。这些环境变化为学生创造了一个充满教育意义的成长环境,成了令人驻足感受聚源学校文化和体会青春飞扬的标识牌。能够帮助学子形成正确的价值观、提高审美能力、增强自信心和归属感。因此,我们应该继续关注和重视学校环境的变化,不断优化和完善校园环境育人功能。同时,也应该加强对学生的思想引导和教育,让他们在美丽的校园环境中茁壮成长,成为有知识、有品德、有能力的优秀人才。

我眼中聚源的变

郑州市郑东新区聚源路小学　张春龙

在时光的流转中,聚源这个充满智慧与活力的地方,正在经历着日新月异的变化。每一次走进这片熟悉的校园,我都能感受到环境育人的氛围在不断地浓厚,而其中的一些环境变化,更是深深地触动了我。

聚源校园内,一座孔子像静静地屹立着。这座雕像不仅是对孔子这位伟大教育家的致敬,更是对传统文化的传承与弘扬。每当我站在孔子像前,那庄严肃穆的气息便扑面而来,耳边仿佛能听到孔子的声声教诲。这座孔子像的存在,让聚源的学子们在潜移默化中感受到传统文化的魅力,激发他们对知识的渴望和对真理的追求。同时,孔子像微微前倾、双手合十的身姿也在提醒大家要克己复礼,不断提升自己的品行。

在校园的另一个角落,真善美石塑静静地伫立着。这座石塑简洁而深刻,它以最质朴的方式诠释着真善美的内涵。每当我经过这里,都会驻足欣赏,思考着真善美的真谛。真善美石塑的存在,让聚源的学子们在日常生活中更加注重内心的修养,追求真善美的境界。它教会我们要以真诚的态度对待他人,以善良的心灵去关爱世界,以美好的眼光去看待生活。

然而,在所有这些环境变化中,最令我感慨的莫过于学生风采墙了。这面墙位于校园的显眼位置,上面张贴着学生们的照片和作品,记录着他们在聚源的点滴成长。每当我经过这里,都会被那些照片中学生们灿烂的笑容、自信的眼神吸引。

学生风采墙,不仅仅是一面墙,它更像是一个展示聚源学子风采的舞台。在这里,学生们可以展示自己的才艺、分享自己的故事,让更多的人了解他们、认识他们。这种展示不仅锻炼了学生们的胆量和自信,也让他们更加珍惜在聚源的时光,努力成为更好的自己。

站在学生风采墙前,我深深地感受到了它所散发出的正能量。这些照片中的学生们,有的正在专注地阅读书籍,有的正在激烈地讨论问题,有的正在舞台上尽情地表演……他们的每一个瞬间都被定格在这面墙上,成了聚源校园中最美的风景。

学生风采墙对学生们的影响也是深远的。它让学生们看到了自己的成长与变化,激发了他们继续努力、不断进取的动力。同时,这面墙也让学生们更加珍惜彼此之间的友谊和合作,学会了在团队中发挥自己的优势,为集体荣誉而努力。

除了对学生们的影响,学生风采墙还成了聚源校园文化的一部分。它见证了聚源学子的成长与蜕变,也见证了聚源校园文化的传承与发展。这面墙的存在,让聚源的校园文化更加丰富多彩、更加具有内涵。

站在学生风采墙前,我不禁陷入了沉思。这面墙不仅仅是一个展示平台,它更是一个育人的场所。它用学生们的故事告诉我们:每个人都有自己的闪光点,只要努力、坚持,就一定能够绽放自己的光芒。这种育人理念深深地烙印在我的心中,让我更加坚定了自己的教育信念。

在聚源这片充满智慧与活力的土地上,每一个变化都蕴含着深刻的内涵和意义。孔子像的庄重、真善美石塑的深刻、学生风采墙的生动……这些环境变化共同构成了聚源独特的教育氛围和文化底蕴。我相信在未来的日子里，聚源将继续秉持着以美怡情、环境育人的理念不断前行，为更多的学子们提供更好的成长环境和发展空间。

回首过往，我深感聚源的变化是如此深刻而美好。这些变化不仅让校园变得更加美丽、更加充满活力，更让每一位聚源学子都能够在这里找到属于自己的成长之路。我期待着在未来的日子里，能够继续见证聚源更多的变化与成长，与这片土地一起书写更加辉煌的未来。

我相信，在未来的日子里，聚源将继续秉持着环境育人的理念，不断完善校园环境、提升教育质量。而我们也将在这样的环境中茁壮成长、不断超越自我，成为更加优秀的人才。

在我看来，聚源的变化不仅仅体现在校园环境的改善上，更体现在它对学生们心灵成长的关注与引导上。在这里，每一个学生都能够找到属于自己的舞台与空间，他们可以在这里放飞梦想、追求卓越。这种环境育人的理念让聚源成了一个真正意义上的成长乐园。

我眼中聚源的变是一种全方位的变化，它涉及校园环境的改善、文化氛围的提升以及对学生们心灵成长的关注与引导。而学生风采墙作为其中的一个缩影，更是让我感受到了这种变化所带来的正能量与影响力。我相信在未来的日子里，聚源将继续秉持着这种理念不断前行，为更多的学生们提供更好的成长环境与发展空间。

在未来的聚源，我们或许会看到更多的变化与创新。但无论时代如何变迁，环境育人的理念都将始终是聚源不变的坚守与追求。让我们一起期待一个更加美好、更加充满活力的聚源未来吧！

聚源，一个充满智慧与活力的地方，一个让人心灵得到滋养的地方。在这里，我们不仅能够学到知识、掌握技能，更能够感受到美的熏陶，体验到成长的喜悦。让我们一起珍惜这片美好的土地，共同努力、共同进步,为聚源的明天谱写更加精彩的篇章!

这便是我眼中聚源的变,一个充满变化与成长的美丽校园。在这里,每一个细节都充满了教育的智慧与力量,每一个变化都见证着学子们的成长与蜕变。我相信在未来的日子里,聚源将继续以美怡情、环境育人的理念,引领着每一位学子走向更加美好的未来。

聚源路的思源农场

郑州市郑东新区聚源路小学　李金龙

在美丽的郑东新区有着这样一所学校,它坐落在聚源路和商鼎路的交叉口。学校有很多漂亮迷人的景色,其中最让我喜欢的还是学校新开发的一块小菜园子,我们叫它思源农场。

作为一个从农村出来的孩子,很少能在城市里看到农村的一些元素。因而看到这些小时候陪伴着自己成长的事物出现在异乡时,就倍感亲切。

做菜园子的想法应该跟郑东新区的劳动教育课程的改革和推进有着很直接的关系。因为城市的孩子受限于城市的种种空间和场地,想体验田园生活或者元素的话也是很困难的。而劳动课程的设置,在我看来都大同小异,一般都会根据自己学校的实际情况来设置,比如说农村的孩子可以一起种菜除草、给庄稼施肥,城市的孩子可以给家里边打扫卫生、洗衣服叠被子,等等,这些虽然比较贴近生活接地气,但是缺乏了互补的特色课程,因此在聚源的校园里就多了这么一块具有乡村特色的小菜园。

小菜园里边的物种相当丰富,把它叫作农场也毫不为过。一般来说小菜园里边只有各种各样的菜,但是这个小菜园却还养着鸡鸭鹅等各种家禽,为校园增添了许多生机。

小农场并不是很大,它在学校的操场旁边,确保每节上体育课的同学们都能从这里经过,都能够欣赏到不一样的风景。农场里边种的有生菜、蒜苗、大葱和萝卜等青菜。尤其是蒜苗,个个长得生机勃勃,而且泥土下边还生长着一个个大蒜。这种知识与实践的课程给学生的业余生活和劳动课程增添了不少乐趣。

菜园里更吸引孩子们的,除了静静的植物就是会动的家禽了。因为从小生活在城市,对乡村的生活并不熟悉,很多同学连鸭和鹅都分不清,这块小菜地完美地解决了这个问题,也让学生能够更加接近自然、贴近生活。

劳动教育将校园劳动教育与小菜园结合起来是一种很有意义的教育实践。这种做法可以让学生在实际的劳动中学习,并通过参与小菜园的种植和管理活动来培养各方面的能力。在将校园劳动教育与小菜园结合的过程中,聚源路小学劳动课程的设置考虑到了以下几个方面:

教育目标明确:确定结合小菜园的劳动教育的具体教育目标,比如培养学生的劳动意识、责任感、团队合作精神等。

资源准备:确保校园内有适合种植小菜园的空地,并准备好必要的种植工具、种子、肥料等资源。

课程设计:将小菜园的种植和管理活动融入课程中,设计相关的教学内容和活动,以便学生在实践中学习。

学生参与:鼓励学生积极参与小菜园的种植和管理活动,让他们亲身体验劳动的乐趣和成果。

教师指导:教师可以担任指导员的角色,引导学生进行小菜园的种植和管理,并及时给予指导和帮助。

评价和反馈:设计相应的评价机制,对学生参与小菜园活动的表现进行评价,并给予及时的反馈和指导,帮助他们不断提升。

"思源农场"作为聚源路小学劳动课实践基地,以劳动促心智、以实践求真知,突出饮水思源的教育理念,感怀不忘"劳动创造生活"的初心,帮助学生实践性地解读"源"课程丰蕴文化,充分发挥劳动培根铸魂、启智增慧的作用,鼓励学生思源思进、热爱劳动、感恩生活。